APPEL

A

L'OPINION PUBLIQUE

SUR

LA SITUATION DE L'ESPAGNE,

Par M. Tassin de Messilly

A PARIS,

CHEZ MADAME GOULET, PALAIS-ROYAL, GALERIE D'ORLÉANS.
— DELAUNAY, *ibid.*, GALERIE DE VALOIS.
— JULES LAISNÉ, PASSAGE VÉRO-DODAT, 1.
1839.

IMPRIMERIE DE L. B. THOMASSIN ET COMP.
Rue Saint-Sauveur, 30.

AVANT-PROPOS.

Cet écrit n'était point, dans le principe, destiné à la publicité ; je ne l'avais rédigé que pour en faire l'objet d'une communication confidentielle, et j'avais plus d'une raison d'espérer qu'elle pourrait ne pas être sans quelque résultat. La fermeté avec laquelle j'avais vu repousser toute idée d'intervention ou de *coopération plus active* ne me permettait pas de douter qu'on n'eût parfaitement compris la question espagnole, ou, en d'autres termes, qu'on n'eût reconnu que le traité du mois d'avril 1834 avait créé une impossibilité. On devait donc être disposé à accueillir tout moyen plausible de terminer une lutte déplorable, et je m'étais flatté de l'espoir qu'on encouragerait celui que je proposais, lorsque je ne demandais autre chose qu'une approbation tacite.

C'est au moment d'exécuter ce dessein que fut prononcée la dissolution de la Chambre des députés, et l'on me conseilla d'attendre le résultat des élections. Le succès obtenu par la coalition et la démission du cabinet du 15 avril, qui en a été la suite, ont changé les combinaisons que je croyais propices à mes vues. Mais ce revirement peut ramener au pouvoir quelques-uns des partisans du système d'intervention ou de *coopération* ; et, dans la conviction où je suis que l'une ou l'autre de ces mesures ne peut qu'être funeste à mon pays, je me suis déterminé à recourir à une autre voie, en publiant les idées bien arrêtées que j'ai depuis long-temps sur ce sujet.

Je n'ai certainement pas la prétention de croire que l'opinion d'un simple particulier puisse exercer quelque influence sur le système politique qu'on adoptera pour l'Espagne; mais j'ai acquis le droit de parler d'une chose que peu de personnes, en France, connaissent mieux que moi. Je le fais avec d'autant plus de confiance, qu'en examinant les divers écrits publiés jusqu'à ce jour sur cette matière, j'ai remarqué que leurs auteurs s'étaient trop généralement montrés hommes de parti, et avaient jugé les causes et les phases de la guerre civile qui désole l'Espagne à travers le prisme trompeur de leurs intérêts ou de leurs passions. Si je parviens à rectifier quelques idées, à fixer au moins l'opinion publique sur une question toute palpitante d'intérêt, j'aurai obtenu le seul prix que j'attache à mon travail.

Pendant qu'une révolution parlementaire s'opérait en France, les événements marchaient en Espagne, et un coup d'état hardi venait d'être frappé au quartier général de don Carlos. En même temps, M. Campuzano publiait à Paris un écrit qui renferme une proposition fausse, et qu'il est utile de combattre. Je ne pouvais m'occuper de ces deux objets, sans déranger toute l'économie du plan que je m'étais tracé, et sans alanguir le discours. D'un autre côté, je désirais conserver mon travail intact, parce qu'il portait une date, et qu'il avait été soumis à une personne haut placée, qui avait bien voulu se charger de le faire parvenir à sa première destination. Je n'y ai donc rien changé que le titre, et j'ai rejeté, dans un *appendice*, les réflexions que m'ont suggérées les deux circonstances que je viens de rappeler.

Je n'ai pas besoin de dire quelle est ma couleur politique, ni de raconter ce que j'ai fait ou tenté, pendant trente ans, pour la cause des Bourbons d'Espagne : on s'en apercevra de reste. Mais je n'ai pas traité mon sujet sous l'influence exclusive de mes sympathies. J'ai envisagé la question d'un point de vue plus élevé : je l'ai placée sur le terrain français, ainsi que l'indique mon épigraphe.

On trouvera que je suis hostile au gouvernement anglais; mais cela ne tient à aucun sentiment d'animosité, et je sais fort bien que le temps et la raison ont fait justice de ces haines vigoureuses et réciproques que nourrissaient les Anglais et les Français, et que fomentaient, peut-être à dessein, leurs gouvernements respectifs. Je suis de ceux qui pensent que nous n'avons rien à gagner dans l'alliance anglaise, parce que l'industrie et le commerce des deux pays auront long-temps des intérêts incompatibles. L'accord des wighs et des torys, dans les récriminations qui ont éclaté au sein du parlement et dans leurs journaux, à l'occasion de la conquête d'Alger et de l'expédition du Mexique, prouve assez, malgré la bonne intelligence apparente des deux cabinets, que *l'histoire de la rivalité de la France et de l'Angleterre* n'est pas à son dernier chapitre.

On me reprochera d'avoir parlé un peu cavalièrement du traité de la quadruple alliance; mais les parties contractantes n'ont pas, elles-mêmes, donné l'exemple de ce respect religieux qu'on nous prêche pour les traités, y compris ceux de 1815. Le Portugal a retiré, depuis long-temps, le corps auxiliaire qu'il fournissait à l'Espagne. Lorsque le cabinet du 11 octobre représenta à celui de Londres que le cas d'éventualité prévu par l'article 4 de ce traité lui paraissait arrivé, il lui fut répondu sèchement *qu'on ne le pensait pas.* Quand, plus tard, le gouvernement anglais prit l'initiative de demander, de la manière la plus explicite, la coopération plus active, autorisée par le même article 4, le cabinet du 22 février répondit catégoriquement, à son tour, *qu'il ne le voulait pas.* Et puis, il y avait un ancien traité de la quadruple alliance, signé à Londres le 2 août 1718; un, signé à Rastadt le 7 mars 1714; un, signé à Vienne le 30 avril 1725; et surtout le septuple traité signé à Utrecht le 11 avril 1713. Tous ces traités, dont chacun se rattachait à l'avénement de la maison de Bourbon au trône d'Espagne, *fixèrent l'état de l'Europe pendant presque toute la durée du dernier siècle,* suivant la remarque d'Anquetil. Il a suffi à la conférence de Londres, en 1834, de l'exhibition du décret de Ferdinand, pour réduire tous ces traités en poussière.

Je n'ai pas écrit une seule ligne que je ne l'aie soumise à l'examen attentif de quelques amis espagnols ou français, très experts dans la matière, et qui ont bien voulu me fournir d'utiles renseignements. Quant aux citations et aux documents sur lesquels j'ai établi l'argumentation relative à la pragmatique de Charles IV et au décret de Ferdinand VII, je les ai puisés dans une brochure qui a pour titre : *De la Discussion de l'adresse, en ce qui concerne la succession à la couronne d'Espagne.* — 1837. *Chez G. A. Dentu, libraire.*

L'auteur de cet ouvrage a consacré son talent et ses veilles à colliger tous les passages des historiens, des jurisconsultes ou publicistes espagnols et français qui pouvaient éclairer cette question. La vérité n'eut jamais un organe plus consciencieux ; son impartialité pousse le scrupule jusqu'à faire abnégation de sa propre opinion ; et c'est dans le *Journal des Débats*, dans *le Constitutionnel* et dans *le National* qu'il puise ses autorités. Mais ses arguments ne perdent rien de leur force ; car ces journaux, qui sont aujourd'hui les plus hostiles à don Carlos, sont ceux qui, dans le principe, défendirent ses droits avec le plus de vigueur et d'éloquence.

Malgré toutes ces précautions, je ne me dissimule pas que mes idées ne passeront pas sans conteste de la part des champions de l'ordre de choses plâtré sur le décret de Ferdinand, et les circonstances qui ont précédé et suivi la scène tragique dont Estella vient d'être le théâtre seront richement exploitées contre don Carlos. Ma plume n'est point taillée pour soutenir une pareille polémique ; mais je puis répondre d'avance, et pour n'y plus revenir, par les mots suivants : « Ce n'est point à ceux qui ont déchaîné les vents qu'il appartient de se plaindre des ravages de la tempête. Je déplore toute effusion de sang, mais je sais me résigner aux plus cruelles lois de la nécessité. Le culte que je professe pour la légitimité n'est point un fétichisme : c'est un principe d'ordre et de conservation gravé dans mon esprit comme dans mon cœur, et tout ce que je vois ne fait que me rattacher plus fermement à ma croyance. »

Quant à ma manière d'écrire, je passe condamnation. N'étant pas homme de lettres, je n'en aurai pas la susceptibilité. Mon langage peut manquer de simplicité ou de naturel ; mais il est bien difficile de modérer l'expression quand on a de la peine à contenir le sentiment qu'elle doit rendre. Conserve-t-on la couleur naturelle du visage, alors qu'on écrit à la lueur d'un incendie ?

Ce que je sais, c'est que j'ai fait une œuvre de conscience. Si ceux qui me liront se laissent pénétrer de l'esprit qui m'animait en écrivant, j'espère rallier leurs convictions à la mienne, et c'est toujours un pas de plus vers le but auquel doivent tendre les amis sincères du bien public de leur pays et du repos de l'Europe.

APPEL A L'OPINION PUBLIQUE

SUR

LA SITUATION DE L'ESPAGNE.

Soyons Français avant tout.

Lorsque, à l'ouverture du testament de Charles II (1), Louis XIV s'écriait : « Il n'y a plus de Pyrénées ! » ce n'était point là l'exultation d'une vaine ambition satisfaite. Et quand, plus tard, il disait : « J'aime mieux faire la guerre à mes ennemis qu'à mon petit-fils ! » ce n'était pas non plus l'expression d'un sentiment chevaleresque, qui sacrifie à des intérêts de famille ceux d'une saine politique.

Le grand roi pressentait tout ce que l'union de la France et de l'Espagne, non pas sous un même sceptre, mais sous une même influence, promettait de force, de puissance et de prospérité aux deux pays. Il entrevoyait déjà qu'au système d'équilibre européen, rêve de quelques philosophes diplomates, pourrait succéder celui de la prépondérance de la France.

(1) 1700.

L'Angleterre qui, du vivant même de Charles II, avait fait avec la Hollande un arrangement pour se partager l'Espagne, apprécia mieux que les autres puissances la portée de ce grand événement, et ne songea qu'à trouver les moyens d'en neutraliser les conséquences.

Elle n'osait alors prétendre au titre de première puissance navale : elle avait été vaincue dans plusieurs combats par un nombre inférieur de vaisseaux français. Le comte de Tourville avait remporté une victoire complète sur les flottes combinées de l'Angleterre et de la Hollande (1). Le désastre de la Hogue n'avait été causé que par l'impatience de Jacques II qui, ne voulant pas attendre la division de Toulon, ordonna à l'amiral français d'attaquer une flotte dix fois plus nombreuse que la sienne (2). Ce revers ne tarda pas à être effacé par les trophées de La Bourdonnais (3), de La Jonquière (4), de La Galissonnière (5). Aussi ce ne fut point à la sévérité du Code pénal maritime de son pays que fut immolé l'amiral Byng, fusillé à Portsmouth, sur le pont d'un vaisseau de guerre : il tomba victime expiatoire de l'orgueil britannique, humilié par tant de défaites (6).

(1) 1690.
(2) 1692.
(3) 1746.
(4) 1747.
(5) 1756.
(6) 1756.

Mais du jour (1) où quatre-vingts vaisseaux de ligne sortirent à la fois des ports d'Espagne et de France, et vinrent promener majestueusement, sur l'Océan, leurs pavillons réunis, l'Angleterre dut prévoir que le sceptre des mers allait être brisé sans retour dans ses mains, si elle ne parvenait pas à rompre cette alliance formidable.

La révolution de 1789 vint interrompre le cours de ces belles destinées, ouvrir un vaste champ aux intrigues de l'Angleterre et fournir un fécond aliment à sa jalousie et à sa haine contre la France.

En dépit de ses suggestions, l'Espagne fut la première à déposer les armes devant la république, étouffant toutes ses sympathies pour rester fidèle à ses engagements. Toujours entraînée par son penchant pour la France, elle livra ses flottes, ses places fortes, ses armées à l'empire, qui ne devait payer ce généreux abandon que par la plus insigne perfidie.

Le tripotage machiavélique du château de Marrac fit courir aux armes la nation espagnole tout entière; et la première punition de Napoléon fut d'être contraint de faire la guerre à un peuple auquel il avait ravi des princes légitimes, objets de son affection, et de changer en ennemi implacable et acharné un allié confiant et fidèle.

Les Anglais accoururent, avec toutes leurs

(1) 1778.

forces et tout leur or, sur ce champ de bataille si propice à leurs desseins. Ils ne venaient pas, sans doute, dans un pur sentiment de générosité, s'associer aux efforts que faisait un peuple armé pour son indépendance; ils venaient pour relever contre la France les Pyrénées jadis abaissées devant l'avénement de Philippe V; ils venaient pour attiser contre elle une haine qu'ils se promettaient bien de tourner à leur profit; en un mot, ce n'était pour eux qu'une affaire de comptoirs.

Ils ne parvinrent point à inspirer ces sentiments à la nation espagnole. La nécessité la força d'unir ses drapeaux à ceux des *hérétiques* insulaires; mais elle les détestait tout en profitant de leur concours pour repousser l'ennemi commun du moment.

La folle agression de 1808 avait été le premier acte du suicide de Napoléon: mais elle fut un crime envers la France et l'Espagne, dont elle interrompit pour long-temps les rapports commerciaux et de bon voisinage. Pour l'Espagne, elle eut un résultat bien plus fatal encore.

En effet, les Espagnols combattant pour un roi prisonnier, durent se choisir un drapeau en son absence. Les juntes qu'ils instituèrent eurent la funeste pensée d'arborer la monstrueuse constitution de 1812. Cette charte démocratique, où prirent naissance les convulsions dans lesquelles les Espagnols s'agitent depuis vingt-cinq ans, ébranla leur affection jusqu'alors si compacte pour leurs souverains. De là surgirent les résistances, les idées révolutionnaires qui troublèrent le retour de Ferdinand, provoquèrent la révolte de l'île de Léon, nécessitèrent l'intervention de 1823; qui font trembler aujourd'hui le trône d'Isabelle, neutralisent les succès de don Carlos, et ont créé les complications contre lesquelles ont échoué jusqu'à présent les tentatives faites pour mettre un terme à cette lutte déplorable. Et comme si tout devait se réunir pour accabler ce malheureux pays, il a fallu que de son propre sein naquît un nouveau ferment de discorde et de guerre civile.

Dans un caprice d'agonisant qui, en matière civile, aurait fait prononcer une interdiction, on a vu Ferdinand déchirer de ses propres mains la loi fondamentale en vertu de laquelle il régnait; et, pour couronner l'œuvre, la révolution de 1830 a offert cette singulière anomalie : de placer sur le trône des Français un Bourbon, forcé, par l'entraînement des circonstances, de sanctionner un acte illégal, qui ne tendait à rien moins qu'à enlever peut-être un jour la couronne d'Espagne au sang de Louis XIV !

Cette excursion dans le domaine de l'histoire n'est pas étrangère à notre sujet. En rappelant les faits anciens, notre but est de faire mieux apprécier les faits nouveaux, et de montrer avec quelle persévérance l'influence anglaise s'est attachée à combattre la nôtre dans un pays où elle veut à tout prix nous supplanter.

Le traité de la quadruple alliance n'est pas un frein pour elle; il n'est qu'un moyen de plus dans ses mains. Elle suit constamment à Madrid une ligne de politique différente de la nôtre; y appuie les ministres dont les systèmes nous semblent dangereux; se complaît à fournir en armes, en hommes, en argent, plus que sa quote part du traité; toujours sans plus d'affection pour la cause, mais par système et pour paraître meilleure alliée que nous.

Sans doute la position dans laquelle la révolution de 1830 avait placé la France vis-à-vis des puissances du Nord pouvait lui rendre précieuse une alliance avec l'Angleterre; mais elle était peut-être un besoin plus impérieux pour celle-ci.

Menacée au dedans d'une révolution sociale, que la coalition des wighs avec les radicaux retarde, mais que la faiblesse des premiers rend inévitable; obligée, par ses préoccupations intérieures, de dévorer en silence les affronts que lui inflige le développement progressif de l'ambition de la Russie; au lieu de combattre la révolution de 1830 comme elle avait combattu celle de 1789, (car, wighs et torys, ce sont toujours les héritiers de Pitt dans sa haine pour la France), l'Angleterre accueillit cette dernière révolution comme un bienfait, et déjà elle cherche à la faire tourner à son avantage.

Aujourd'hui qu'elle croit pouvoir compter sur la coopération d'une nation grande et généreuse, elle fait faire, par ses journaux, l'inventaire de ses griefs contre le czar ; elle signe contre lui et contre le vice-roi d'Egypte un traité de commerce avec la Porte ottomane ; elle fait lever le siége d'Hérat, prend une position offensive sur le golfe Persique, s'allie avec le roi de Lahore, met toutes ses forces en mouvement dans l'Inde. Et tandis que, forte de l'espérance de notre appui, elle se prépare à soutenir la lutte en Orient, qu'elle semble même la provoquer, la France est condamnée à voir à ses portes l'agonie d'une nation dont l'existence est intimement liée à la sienne; et l'Angleterre nous demande d'assister, les bras croisés, au démembrement de la Belgique, fille de la révolution de 1830 ; de laisser à sa discrétion Mehemet-Ali, qui, aux applaudissements de la France et avec le concours des moyens fournis par elle, continue en Égypte l'œuvre de civilisation si glorieusement commencée par une armée française, et qui pouvait être un jour pour nous un allié puissant dans la lutte dont l'Orient doit être tôt ou tard le théâtre.

Et si jamais l'Angleterre triomphe avec l'appui de nos armes, des intérêts nouveaux lui rendront nécessaires de nouvelles combinaisons. Elle augmentera ses possessions et sa puissance, sans permettre que nous sortions des honteuses limites tracées principalement par elle, dans les traités de 1815. Heureux si, pour prix de notre assistance, il ne nous est pas réservé d'avoir un jour en elle un allié de moins et un ennemi de plus!

Mais elle ne s'endort pas insoucieuse sur la foi de notre alliance : ses organes officiels cherchent à en stimuler la ferveur, en se plaignant qu'elle s'attiédit. Elle craint que le roi des Français ne porte un œil plus attentif sur les véritables intérêts de sa politique extérieure, et qu'il ne parvienne à détendre quelques-uns des liens serrés par la nécessité.

A tout événement, par son traité de navigation aux bouches du Danube, elle vient de faire un pas vers l'Autriche, cette vieille amie à laquelle, pendant vingt ans, elle prodigua ses subsides pour nous faire une guerre incessante ; l'Autriche ! qu'on ne peut comparer, comme la Russie, à un torrent fougueux, impatient de déborder, mais plutôt à ces fleuves au cours paisible qui, lentement, mais chaque jour, se creusent un lit plus profond. (1)

(1) Au moment où nous écrivons ces lignes, nous apprenons que le général Alava et un nommé Marliani négociant à Londres un traité de commerce entre l'Espagne et l'Angleterre. Le produit des droits de douane sur certaines importations faites par l'Angleterre serait versé directement à Londres entre les mains de commissaires nommés *ad hoc*. Au moyen de cet arrangement, une compagnie anglaise ferait au gouvernement de Christine un prêt de dix millions de livres sterling, dont partie serait affectée, dit-on, au paiement d'un à-compte sur les semestres échus de la dette active, et l'autre partie aux frais de la guerre.

Nous avons peine à croire que les cortès ratifieraient un traité qui aurait pour résultat la ruine des manufactures de la Catalogne, et qui serait un signal d'insurrection pour

Pour rentrer dans le fond de la question qui nous occupe, celle de savoir par quels moyens on peut arriver à la péripétie du drame sanglant qui se joue en Espagne, nous allons examiner :

1° Ce qu'on aurait dû faire après la mort de Ferdinand ;

2° Ce qu'on a fait depuis l'arrivée de don Carlos en Espagne ;

3° Ce qu'il est encore possible de faire.

cette province. Nous ne craignons pas non plus qu'un ministère français, quel qu'il fût, laissât passer sans conteste un traité qui anéantirait toutes nos relations commerciales avec l'Espagne, annulerait ce pays pour la France, qui se trouverait ainsi isolée et comme cloîtrée au milieu du continent de l'Europe.

Quoi qu'il en soit, nous sommes convaincu au fond que le projet n'a été, de la part de ceux qui l'ont mis en avant, qu'un moyen de déception pour imprimer un mouvement factice, dans les Bourses de Londres et de Paris, aux valeurs espagnoles, c'est-à-dire pour augmenter le nombre des victimes. Le public ne doit donc accueillir qu'avec une extrême défiance tout projet qui se rattacherait au crédit ou aux opérations financières de l'Espagne.

Il paraîtrait qu'en vertu du traité de la quadruple alliance, l'Angleterre doit occuper la petite ville de Menille, ce qui lui donnerait, sur la côte d'Afrique, un port bien meilleur que celui de Ceuta. Enfin, on va jusqu'à dire qu'elle marchande les Açores, et c'est ainsi qu'elle complèterait successivement cet immense réseau qu'elle a formé avec tous les points culminants du globe, pour la protection de ses vaisseaux et du monopole de son commerce.

Pendant que nous nous livrerons à cette recherche, nous nous tiendrons en dehors de la sphère de toute opinion politique, de nos affections, de nos sympathies naturelles ou acquises; nous ne présenterons que des faits constants ou avérés, nous bornant à en tirer les conséquences logiques qui en dériveront.

1° CE QU'ON AURAIT DU FAIRE APRÈS LA MORT DE FERDINAND.

Après la mort de Ferdinand VII, en septembre 1833, et par suite des mesures qu'il lui avait plu de prendre de son propre vivant, la régence de Christine fut admise sans contestation manifestée. Son cabinet était formé d'avance, et son gouvernement, reconnu bientôt par la France, par l'Angleterre et quelques puissances du second ordre, fonctionna assez paisiblement, en apparence.

Don Carlos, qui s'était vu dépouiller d'une succession à laquelle il devait se croire des droits incontestables, avait protesté contre les dispositions de son frère; et, par soumission à une volonté qu'il ne pouvait changer, il se retira en Portugal, d'où il fut chercher plus tard un asile en Angleterre, confiant sa destinée à l'avenir.

Le 9 juillet 1834, don Carlos rentra en Espagne et prit immédiatement le titre de Charles V.

Voilà donc Isabelle II en face de Charles V, ou plutôt deux principes opposés en état de collision sur le même terrain. On invoquait en faveur de la première des actes dont les uns sont qualifiés d'illégaux et les autres de subreptices, par les Espagnols qui prétendent bien connaître l'histoire, les lois et les faits particuliers de leur pays. Le second puisait son droit d'hérédité dans la loi fondamentale de sa famille, sanctionnée par des traités solennels.

Si cette cause avait pu être déférée à l'auguste tribunal des rois, il n'y aurait pas eu la moindre incertitude sur le jugement à intervenir. Mais depuis que les révolutions d'Angleterre, de France et de Suède, ont donné des exemples de changements ou de substitutions dans les dynasties, ou plutôt depuis que le principe de la souveraineté du peuple est venu infirmer celui de la légitimité, la concession la plus large qu'on pût faire, dans l'espèce, c'était de laisser le vœu des Espagnols se manifester librement, et de reconnaître ensuite celui des deux prétendants auquel ils auraient accordé leur suffrage.

Pour cela, il eût fallu que tous les souverains s'abstinssent de prendre aucune part à la lutte qui allait s'engager ; que la neutralité la plus complète fût observée ; qu'enfin, pour les hommes et les choses qui servent à la guerre, l'accès de l'Espagne fût hermétiquement fermé. Cette marche, conforme à la prudence, était surtout commandée par la justice, attendu que, depuis la révolution de 1830, la France et l'Angleterre avaient proclamé le principe salutaire de non intervention, et que les autres puissances l'admettaient comme droit public moderne de l'Europe.

Malheureusement il n'en fut point ainsi; et le traité du mois d'avril 1834, en envenimant et en élargissant le cancer qui ronge l'Espagne au cœur, a commencé pour elle une troisième série de calamités.

2° CE QU'ON A FAIT DEPUIS L'ENTRÉE DE DON CARLOS EN ESPAGNE.

La présence de don Miguel et de don Carlos en Portugal, ainsi que l'insurrection des provinces basques, provoquèrent le traité de la quadruple alliance.

Si cette œuvre inféconde du prince de Talleyrand n'est pas, comme son dernier discours à l'Académie et sa réconciliation avec l'Église, une de ces mystifications que son cynisme projetait d'avance par delà sa tombe, elle restera comme un monument de sa caducité diplomatique. — Peut-être M. de Talleyrand n'eut-il d'autre inspiration que cette anglomanie mise à la mode par Voltaire, et qu'avec les gens de *bon ton* le premier avait puisée, dans sa jeunesse, à l'école du patriarche de *Ferney*.

Si, comme les prôneurs du jour s'étaient trop hâtés de l'annoncer, le traité de la quadruple alliance avait eu pour objet, d'abord la protection des trônes d'Isabelle et de dona Maria, par les forces combinées de la France et de l'Angleterre, et ensuite l'union des états constitutionnels de l'Europe occidentale, ce traité, en ouvrant une ère nouvelle, aurait pu attacher à la mémoire de son auteur une gloire plus solide et plus pure que celle de tous les autres actes de sa longue vie diplomatique.

Les faits auxquels nous assistons prouvent assez que ce traité n'a jamais eu ce but ni cette portée, et les enseignements de l'histoire nous autorisent à poser en principe qu'il n'y aura jamais de traité entre la France et l'Angleterre qu'autant qu'il sera onéreux à la première et avantageux à la seconde, parce que celle-ci n'a dans ses alliances d'autre règle que son intérêt exclusif (1).

Mais soyons juste envers tout le monde.

Ce n'est ni l'Angleterre ni la France qui prirent l'initiative de ce traité malencontreux; c'est le gouvernement de Christine qui ouvrit les voies, en faisant marcher une armée, sous les ordres du général Rodil, pour prêter secours à dona Maria. C'est M. Martinez de la Rosa qui revendiquait toute la gloire de ce traité, lorsqu'à la tribune des cortès, il déclarait :

(1) Charles II, roi d'Angleterre, offrait à la France la cession des Pays-Bas espagnols pour la déterminer à entrer dans une ligue contre la Hollande. De Lyonne, un des ministres de Louis XIV, ayant assuré Van Beuninghem, ambassadeur de Hollande, que cette offre avait été renouvelée pendant six mois : « *Je le crois sans peine*, répondit ce dernier ; *c'est assurément l'intérêt de l'Angleterre.* »

« Qu'en arrivant au pouvoir il avait été domi« né par la pensée de rendre portugaise la ques« tion espagnole; d'enlacer la révolution de « Madrid avec celle d'Oporto; qu'à cet effet *il « avait provoqué les conférences de Londres*, qui « amenèrent la conclusion du traité. »

Le véritable reproche qu'on peut faire à la conférence de Londres, c'est d'avoir accueilli trop légèrement les motifs allégués par les agents ou les représentants de Christine, et de n'avoir pas étudié une question d'une si haute gravité avec la maturité de réflexion qu'elle réclamait.

Il n'entre pas dans notre plan, et nous n'avons pas d'ailleurs la prétention de traiter *ex professo* la question de droit dont on a contraint don Carlos à chercher la solution par la voie des armes. Mais, lorsque la raison des peuples est pénétrée de l'importance des lois qui règlent ces grands intérêts; qu'elle comprend parfaitement que ces lois doivent être par essence fondamentales et immuables, on se rappelle, malgré soi, par quels faibles arguments on est parvenu, dans une discussion solennelle, à justifier le gouvernement français du reproche fondé qu'on lui faisait de n'avoir pas protesté, dans le temps, contre le décret de Ferdinand, du 29 mars 1830. En présence de ce souvenir, on aura fait preuve de modération si l'on se borne à dire qu'on éprouve de l'affliction à la vue de l'inconcevable légèreté avec laquelle les hommes qui tiennent le gouvernail de l'État ont donné au décret de Ferdinand la sanction de leurs discours et de leurs actes.

Dans la séance de la Chambre des pairs, du 9 janvier 1837, lors de la discussion de l'adresse, un ancien ministre des affaires étrangères traita avec quelque développement le sujet qui nous occupe. Confondant les dates, donnant des démentis à des faits avérés, substituant le roman à l'histoire dans la question la plus grave entre toutes celles de droit public, l'orateur résuma sa harangue par cet argument :

« Le gouvernement français a trouvé Isa-« belle II reine de fait et de droit ; de fait, « car, à la mort de son père, elle est montée « paisiblement sur le trône ; de droit, car de « deux choses l'une : ou les Cortès de 1712 n'ont « pas eu le droit d'approuver la pragmatique de « Philippe V, ou bien il faut reconnaître aux « cortès de 1830 le droit d'approuver l'aboli-« tion de cette même pragmatique. » *Et des marques générales d'assentiment* accueillirent cette conclusion.

Mais c'était résoudre la question par la question même ; et si Phocion n'eût fait usage que de dilemmes de cette force, nous doutons qu'il eût mérité le sobriquet de *hache*, par lequel les Athéniens caractérisaient son genre d'éloquence.

D'abord, on devait objecter qu'il ne peut en être d'une loi de succession comme de ces réglements d'administration publique destinés, par leur nature, à subir toujours les mêmes changements ou modifications que les choses auxquelles ils s'appliquent; que la pragmatique de 1713, et non pas de 1712, était un acte uni-latéral et connexe, qui contenait à la fois la renonciation de Philippe V à la couronne de France, et les règles à suivre pour l'ordre de succession à celle d'Espagne; que cette pragmatique n'était que la consécration des principes qui avaient servi de base aux traités d'Utrecht (1), de Rastadt (2) et de Londres, ou de la quadruple alliance (3); qu'en 1830 il existait deux frères de Ferdinand, et qu'il n'avait pas le pouvoir de faire revivre, de sa volonté privée, le droit de *cognation* au préjudice du droit d'*agnation rigoureuse*, en annulant une loi cimentée par une durée de cent vingt-quatre ans, *sur la foi de laquelle avaient été contractées toutes les alliances, toutes les relations des puissances européennes et des familles régnantes avec les Bourbons d'Espagne*, et qui, ainsi, était passée dans le domaine du droit public de l'Europe (4); qu'enfin, et en vertu du principe de non-rétroactivité, don Carlos, étant né le 29 mars 1788, ne pouvait être atteint dans ses droits ni par la prétendue pragmatique de Charles IV,

(1) 11 avril 1713.

(2) 7 mars 1714.

(3) 2 août 1718.

(4) Les mots soulignés sont empruntés à un article inséré dans le journal *le Globe*, du 14 avril 1830, par M. Trognon, précepteur de l'un des fils de M. le duc d'Orléans.

présentée aux Cortès de 1789, ni par le décret de Ferdinand du mois de mars 1830.

Mais, en acceptant le terrain sur lequel l'orateur duc, pair, ex-ministre des affaires étrangères et président du conseil, s'était placé pour trancher la question, il fallait préalablement examiner si les Cortès de 1835, et non pas de 1830, avaient, pour abolir la pragmatique de Philippe V, le même pouvoir constituant que possédaient les Cortès de 1713, lorsqu'elles l'avaient approuvée.

Et d'abord, il faut fixer la valeur du mot *Cortès*.

« Les *Cortès por estamentos*, c'est à dire par « ordres, par états, sont assez semblables aux « anciens états-généraux de France. Elles com-« prennent un certain nombre de prélats et de « grands d'Espagne, à qui leurs places ou leur « naissance confèrent le droit de représenter le « clergé et la noblesse. Le tiers état (*estadollano*) « y a aussi ses mandataires : ce sont les députés « de trente-sept villes qui possèdent encore, « par priviléges spéciaux, derniers débris de « leurs vieilles franchises, une ou deux voix aux « cortès (*voto à cortès*). Ces députés sont choi-« sis, sans aucune participation du peuple, par « des magistrats municipaux (*ayuntamientos*), « dont les fonctions sont maintenant héréditai-« res ou à la nomination du roi (1). »

(1) *Annuaire historique universel de* 1833, pages 509 et suiv.

Lorsqu'il s'agit de concourir à la formation d'une loi, les députés aux Cortès doivent être porteurs d'un mandat spécial ; ils prêtent serment entre les mains de l'archevêque de Tolède, en sa qualité de primat des Espagnes; le projet de loi est soumis par le roi à son conseil d'état, qui le renvoye ensuite au conseil de Castille ; et lorsqu'il a reçu l'approbation de ces deux conseils, des Cortès et du roi, il n'acquiert le caractère de loi que par la publication légale.

Ces conditions furent complètement et scrupuleusement observées pour les Cortès de 1713 ; elles ont été toutes violées à l'égard des Cortès, non pas de 1830, mais de 1833.

Il est bien vrai que Charles IV communiqua aux Cortès de 1789, en leur recommandant le plus profond secret, un projet de changement dans l'ordre de succession à la couronne. Les Cortès ne purent délibérer sur une proposition non prévue par elles, pour laquelle elles auraient eu besoin de pouvoirs spéciaux, et qui n'avait pas été soumise aux conseils d'état et de Castille. Charles IV abandonna lui-même cette idée pour ne plus y revenir, et il en existe trois preuves incontestables. La première, c'est qu'il n'en fut plus question pendant les dix-neuf années de son règne, qui s'écoulèrent depuis cette époque jusqu'à celle de son abdication. La seconde, c'est que, dans le recueil des lois de la monarchie, réimprimé en 1804, par ordre du roi, sous le titre de *(Novissima recopilacion)*, la loi de Philippe V y fut insérée comme réglant seule les droits à la succession, et qu'il n'y est pas fait mention du projet de 1789. La troisième, c'est que, dans le même recueil, se trouve une décision qui avait acquis force de loi, conçue en ces termes :

« Conformément à ce qui est de droit, et à ce « qui s'est pratiqué en autant de cas qu'il s'en « est présenté, on fait savoir au public de ce « ressort et aux autres populations du royaume, « qu'on ne doit ajouter foi à aucune loi, à au- « cuns réglements ou décisions, ni s'en préva- « loir, s'il n'ont été signifiés ou publiés par « pragmatique, cédule, provision, ordre, édit, « loi ou mandement des justices ou magistra- « tures publiques. »

Une déclaration aussi explicite, après quinze années, n'efface-t-elle pas jusqu'à la trace d'un projet abandonné aussitôt que conçu? (1)

C'est pourtant la minute retrouvée de ce projet mort-né, qui incita les familiers de Ferdinand VII à profiter de l'affaiblissement de corps et d'esprit dans lequel il se trouvait alors, pour obtenir qu'il la convertît en loi; car le décret du 29 mars 1830 n'est autre chose que l'entérinement pur et simple de cette pièce informe, sans date, sans si-

(1) Nous n'avons point voulu parler des motifs qui avaient provoqué cette velléité de Charles IV, parce que nous n'aimons pas à faire de la biographie scandaleuse. Charles IV subissait en 1789 les mêmes influences que Ferdinand VII en 1830 et en 1833. Ceux qui seront curieux de les connaître peuvent consulter les mémoires contemporains.

gnature, et où les Cortès ne sont pas même mentionnées. Revenu à un état meilleur, Ferdinand révoqua ce décret par celui du 18 septembre 1832; mais sa santé continuant à se détériorer, ceux qui avaient conseillé le premier décret arrachèrent à sa faiblesse la déclaration du 31 décembre 1832, par laquelle il annulait celle du 18 septembre précédent et remettait en vigueur le décret du 29 mars 1830. Mais ces trois variantes de la volonté de Ferdinand ne furent que des actes de *bon plaisir*. Les Cortès n'y eurent aucune part; elles ne furent convoquées, par un décret du 7 avril, que pour le 20 juin 1833; elles ne furent point appelées à sanctionner le décret du 29 mars 1830; leur rôle se borna à reconnaître par serment, princesse des Asturies, c'est-à-dire héritière du trône, l'Infante Marie-Isabelle-Louise.

Voilà en raccourci les faits authentiques qui ont servi de prétexte pour jeter au vent l'imposante loi de Philippe V! Caprice, intrigue, escobarderie, captation! Et un traité de quadruple alliance a été conclu pour sanctionner de pareilles misères! Et les autres souverains s'y associent par leur silence!

Si quelques voix généreuses s'élèvent en faveur de don Carlos, on ne leur conteste pas ses droits, mais on leur objecte que ce prince est dévot, mal conseillé, et qu'il ferait le malheur de l'Espagne. Il est bien question de ce qu'il fera! il ne s'agit que de ce qu'il est. Ferdinand, à la volonté duquel on l'immole, était-il donc un prince accompli? Se montra-t-il toujours juste, clément, généreux, reconnaissant? (1) Lorsqu'il dépouillait son frère, avait-il plus de raison, plus de sagesse, était-il entouré de meilleurs conseils? Etait-il surtout plus national? Il eut besoin de l'appui d'une armée de cent mille étrangers pour raffermir son trône, et don Carlos ne demande qu'une chose, c'est qu'on ne prête pas secours à ceux qui combattent contre lui. N'importe! on persiste, et l'on dit : Don Carlos est indigne d'être roi! Mais, à ce compte et à chaque changement de règne, il faudra créer un tribunal où devra comparaître le successeur. Quels en seront les juges? Probablement ce ne serait pas

(1) Lorsqu'en 1808, dans un moment de fougue populaire, Ferdinand fut proclamé roi, la reine *Marie-Louise*, sa mère, prononça les paroles suivantes, dont les Espagnols ont gardé le souvenir : « Holà! los Espanoles quieren à Fernando? ellos se acordaràn d'él despues de su muerte.» — *Ah! les Espagnols veulent de Ferdinand? ils se le rappelleront après sa mort!* La prédiction ne s'est que trop accomplie, car, de son lit de mort, il a légué la guerre civile à sa patrie, et lancé un brandon de discorde sur l'Europe.

Dans la traduction des mémoires du prince de la Paix, on a avancé que cet anathème avait été fulminé par la reine *Marie-Louise* contre Ferdinand et contre don Carlos. Mais cette assertion n'est pas vraie et n'est pas vraisemblable. D'abord, nous tenons les paroles que nous avons citées textuellement, d'un témoin auriculaire; en second lieu, il ne pouvait être question alors de don Carlos, puisqu'il n'avait pas encore figuré sur la scène politique.

l'Angleterre qui prendrait l'initiative pour demander l'institution d'une semblable magistrature, car elle n'a pu perdre le souvenir du règne de Georges III. Une fois ce droit admis pour les souverains, il faudra l'étendre aux simples particuliers. En France, aux trois cas d'interdiction déterminés par l'article 489 du Code civil, on devra donc en ajouter un quatrième, celui de *l'indignité*, et il ne manquera pas de mauvais parents pour la provoquer. Vous voyez bien que vos doctrines aboutissent à l'absurde en théorie; mais, ce qui est autrement déplorable, c'est qu'elles mènent à l'atroce dans leur application, car c'est précisément pour cela que depuis cinq ans on s'entr'égorge en Espagne.

Si les droits des souverains, si le vœu des nations doivent céder devant des questions préjudicielles de cette nature, qu'on ne nous dise plus que nous sommes dans un siècle de lumières et de civilisation; qu'il y a un droit public en Europe; que la légitimité et la souveraineté du peuple sont autre chose que des mots vides de sens. Qu'on cesse de nous apitoyer sur le sort de Charles Ier et de Louis XVI; qu'on ne nous parle plus de nationalité polonaise, du Luxembourg et du Limbourg! Tant qu'il n'aura pas été proclamé solennellement que Ferdinand VII, *de sa volonté privée*, n'avait pas le droit *de dépouiller* sa famille d'un héritage qu'il n'avait reçu que pour le lui transmettre intact, et tant que don Carlos ne sera pas remis en possession d'un trône auquel l'appellent son droit et le vœu *des neuf dixièmes de la nation* (1), nous serons autorisé à dire que nous avons rétrogradé jusqu'aux siècles de barbarie, puisqu'on a perdu ou que l'on foule aux pieds toutes les notions du *juste* et de l'*injuste*.

Charles X (par son ambassadeur M. de Saint-Priest) protesta contre cette violation des traités; et ce ne fut pas seulement comme Bourbon, mais comme roi de France, qu'il signa la protestation. Il n'a fallu rien moins que le bouleversement que les révolutions opèrent dans les choses comme dans les idées, pour qu'à la suite de celle de 1830, le gouvernement français eût la folle pensée de reconnaître Isabelle II, et plus tard la faiblesse de signer le traité de la quadruple alliance. Aujourd'hui que les esprits sont plus éclairés, et que le gouvernement est moins dominé par les exigences de sa position, il repousserait un traité qui offre le danger de placer un étranger sur le trône d'Espagne, et proba-

(1) Ce n'est pas au hasard ou en forme d'hyperbole que nous disons les neuf dixièmes. Voici ce qu'on lit dans un ouvrage intitulé *de la Guerre civile d'Espagne*, page 106 de la traduction : « La plus grande erreur du parti libéral « fut de ne pas considérer que *les neuf dixièmes* de la « population n'étaient point amis des lois nouvelles. » Cet aveu ne saurait être suspect, car l'auteur de cet ouvrage, publié en 1836, est don Evariste San Miguel, ancien aide de camp de Riégo, ancien ministre des affaires étrangères et de la guerre.

blement, en cas de guerre, de donner un ennemi à la France.

Mais enfin, en admettant que ceux dont il fut l'ouvrage n'eurent d'autre but que d'arrêter les suites d'une dangereuse collision, de sauver l'Espagne des malheurs d'une guerre civile, et de maintenir la paix de l'Europe, voyons si la fin a justifié les moyens. Il nous suffira pour cela de grouper et d'offrir en regard les faits principaux qui composent l'histoire des deux partis dans cette période de cinq ans.

Christine se présentait dans la lice avec d'immenses avantages. D'abord, la puissance que donne l'organisation d'un état. Elle avait des ministres expérimentés, des ambassadeurs accrédités auprès des cours qui l'avaient reconnue; tout le crédit dévolu à l'Espagne; le produit exclusif des impôts, une armée disciplinée, des milices aguerries, des généraux qui avaient gagné des batailles, et dont quelques-uns n'étaient pas sans réputation; elle possédait toutes les places fortes, pourvues de garnisons et d'approvisionnements de bouche et de guerre.

D'un autre côté, le Portugal envoyait à son secours une portion de son armée, et repoussait les partis qui cherchaient à s'organiser sur ce point de sa frontière.

Enfin, la France et l'Angleterre lui fournirent de l'or à pleines mains, lui envoyèrent des légions équivalentes à une armée, approvisionnèrent largement ses arsenaux, mirent à sa disposition des vaisseaux pour faciliter les mouvements stratégiques de ses troupes, des artilleurs arrivant à point pour sauver Bilbao, Barcelone et Valence.

Ce n'est pas tout, une énorme contribution de guerre a été frappée; la majeure partie des biens de l'Eglise vendue; des sommes considérables ont été prêtées par des banquiers étrangers; les revenus de l'île de Cuba sont venus les grossir; on a ordonné des levées successives, dont le chiffre s'élève à deux cent quarante mille hommes.

Avec ces moyens gigantesques, qu'ont fait les hommes aux mains desquelles Christine a confié les destinées d'Isabelle?

Les ministres?..... Neuf cabinets différents ont été renversés dans moins de quatre années : Zea Bermudez, Martinez de la Rosa, Toreno, Mendizabal, Isturiz, Calatrava, Ofalia, Frias et Castro ne font que paraître et disparaître. Chacun a son programme; tout a été tenté : Estatuto Réal, ministère de transition, de coalition, de résistance, etc., et tous ces essais malheureux n'ont enfanté que le désordre, la désorganisation, l'insurrection, l'anarchie!

Les généraux?... Saarsfield, Quesada, Rodil, Mina, Valdès, Cordova, Espartero ont tour à tour commandé les armées opposées à don Carlos, et ils ont essuyé des défaites que ne compensent pas quelques succès partiels. Oraa, avec vingt-quatre mille hommes, deux mille chevaux et une nombreuse artillerie, a succombé devant Morella ; Espartero n'a osé rien entreprendre contre Estella, et a disputé en vain le passage de l'Ebre. Tous ensemble ne comptent de victoire remarquable que celle qui a fait décerner au dernier le titre de comte de Luchana.

Les armées ?... La licence, l'insubordination, l'indiscipline, la révolte ont mille fois éclaté dans leurs rangs. Nous ignorons quelle fut la première cause des représailles par lesquelles les deux partis ont signalé leur férocité; ils s'en accusent réciproquement : que le sang des victimes retombe sur la tête de ceux qui donnèrent l'exemple de cette violation des lois de la guerre !.... Mais, dans la citadelle de Barcelone, à Jaca, dans la Manche, à Murcie, à Alicante, à Valence, des régiments restent impassibles en présence des exécutions auxquelles ils servent d'instruments; un seul officier fait trembler toute une garnison; un sergent, un poignard à la main, force Christine d'accepter la constitution de 1812; Cantarac, Quesada, Basa, Saarsfield, Escalera, Mendez-Vigo sont massacrés par leurs propres soldats, et le même sort, peut-être, est réservé à celui qui osa les venger.

Qu'a-t-on fait de ces impôts, de ces contribubutions de guerre, de ces biens de l'Église, de ces emprunts, de ces confiscations ?... Le Trésor public est vide, les revenus de l'État sont aliénés pour cinq ans, le paiement des semestres de la dette active est suspendu, la solde des troupes est arriérée, et le manque de souliers vient souvent retarder ou faire avorter les plans de campagne.

Que sont devenues toutes ces levées d'hommes, la redoutable phalange d'Afrique, la nombreuse légion anglaise?.... Allez le demander aux rochers de las Amescuas, de Nazan, d'Azarta, de Segura, d'Arquijas, de Descarga, d'Oriamendi, de Villar de los Navarros, de los Arcos, aux champs d'Ormastégui, de Huesca, de Barbastro!

Passons dans l'autre camp.

Le 9 juillet 1834, don Carlos arrive dans les provinces basques et y trouve quelques milliers de Navarrais, d'Alavais, de Biscayens, de Guipuscoyens groupés autour de l'immortel Zumalacarregui. Nouvel Anthée, il frappe du pied ces rochers, et de nombreux bataillons se lèvent comme un seul homme. Il n'a pas un fusil, pas un canon, pas une seule place forte ; et il trouve tout cela parmi les dépouilles opimes enlevées à ses ennemis dans quarante combats. Il n'a pas la ressource des contributions en argent et en hommes, car son royaume ne consiste que dans les trois provinces les moins étendues de la monarchie, et l'étranger l'y tient étroitement renfermé. Les Bourses de Paris et de Londres refusent de coter ses emprunts ; mais quelques faibles subsides lui arrivent. Les volontaires ne lui manquent pas ; il lui en vient même des rangs ennemis, et bientôt, avec quelques bataillons, Zumalacarregui a vaincu ou dispersé les armées commandées par les six généraux les plus renommés de Christine. C'est en vain qu'après la mort du héros trois nouvelles armées combinées entreprennent de pénétrer dans les provinces basques pour y éteindre le foyer de l'insurrection ; ces projets sont déjoués à Oriamendi : Evans est obligé de se renfermer dans Saint-Sébastien, Saarsfield de fuir précipitamment vers Pampelune, et Espartero de venir se placer sous la protection des canons de Bilbao.

Un an a suffi pour opérer ces prodiges. Depuis, on a vu Gomez, avec trois ou quatre mille hommes, parcourir impunément toute l'Espagne, et Moreno, avec seize bataillons et mille chevaux, venir frapper aux portes de la capitale. Si ce chef eût eu dans les veines quelques gouttes du sang de Zumalacarregui, s'il eût partagé l'ardeur de ses lieutenants ou profité de la terreur qu'il avait inspirée, Espartero serait arrivé trop tard, et don Carlos aurait ceint la couronne à Madrid.

Dans ce camp, les officiers comme les généraux ont fait, à peu près, le sacrifice de leurs appointements : ils savaient, avant de tirer l'épée, qu'ils ne devaient pas y compter. Les vivres de guerre suffisent à ceux qui n'ont pas de patrimoine. Ils ont gagné leurs grades sur les champs de bataille, et la plupart n'en portent pas même les insignes: ils ne craignent pas d'être méconnus de leurs subordonnés au moment de l'action.

Comme les croisés dans les champs de la Palestine, les soldats prient tour à tour et combattent. Ils sont obéissants et soumis à la voix de leurs chefs, parce qu'ils les aiment et les estiment, qu'ils les voient constamment partager leurs dangers et leurs privations, qu'ils les savent remplis du même dévouement. Leurs nuits ne sont pas consacrées à l'orgie : ils dorment paisiblement, mais armés et toujours prêts au combat. Lorsque le signal est donné, l'enthousiasme brille dans leurs yeux, un feu sacré semble animer et soutenir leur courage ; et, comme l'a poétiquement dit un Espagnol, dans un écrit aussi remarquable par le fond que par la forme :

« On croirait, à leur aspect, retrouver ces Espagnols des temps de Pélage et du Cid, avec les qualités brillantes qui les rendirent si célèbres. »

Quel contraste, quels enseignements renferment les deux tableaux que nous venons d'esquisser ! D'un côté, une action dissolvante ; de l'autre un principe vivifiant.

Là, l'intrigue, l'ambition, la discorde, des idées qui n'ont de racines que dans l'esprit de quelques novateurs sans système et sans drapeau. Ici, du dévouement, des convictions, des doctrines et des croyances inébranlables ; en un mot, à gauche, des partis sans aucune force de cohésion ; à droite, la reproduction des mêmes phénomènes qui frappèrent de mort l'invasion de 1808.... La *nation !*

M. de Rayneval avait parfaitement compris toutes ces choses. Il connaissait l'Espagne comme nous, et comme nous il prévoyait les conséquences fatales qu'entraînerait le traité du mois d'avril 1834. Il rendait justice à quelques hommes généreux qui avaient le désir sincère de mettre enfin l'Espagne en communion avec la civilisation des principaux états de l'Europe; mais il avait reconnu que ce peuple n'était pas encore mûr pour une réforme ; qu'il ne suffit pas de quelques hommes d'élite, qui partout ne forment malheureusement qu'une faible minorité, pour changer brusquement des habitudes profondément enracinées; qu'il était impossible d'élever un édifice solide sur le terrain mouvant et sans fond de quelques partis sans union et même sans estime réciproque. Il savait que l'Espagnol est avant tout Navarrais, Catalan, Aragonais, Castillan, Andalou; qu'il se refuse obstinément à tout usage qui n'est pas celui de ses pères; qu'il n'accepte que de la main qu'il est accoutumé à bénir tout changement qu'on voudrait y introduire ; qu'ils se réunissent sous la même bannière le jour où on entreprend d'opérer par la force, une modification dans l'ordre établi; et qu'enfin l'Espagne est le seul pays où ces mots « Dieu et le Roi » n'aient presque rien perdu de leur magie et de leur puissance.

Telles étaient les préoccupations de feu M. le comte de Rayneval, alors ambassadeur à Madrid. — Le roi des Français doit vivement regretter aujourd'hui de n'avoir pas permis que ce diplomate habile vînt à Paris lorsqu'il le demandait, répétant fréquemment dans sa correspondance, « *qu'il y avait des choses qu'on pouvait dire, mais non pas écrire.* Instruit, comme il l'était, des vœux, des prétentions, des intrigues, de la force respective des partis, nous ne mettons pas en doute qu'il n'eût indiqué les écueils à éviter, et tracé une route moins périlleuse que celle où l'on se trouve maintenant engagé, et qui semble être sans issue.

Achevons d'apprécier le traité de la quadruple alliance.

L'Angleterre et la France peuvent-elles, ensemble ou séparément, intervenir aujourd'hui pour rétablir la paix en Espagne et en Portugal? —Non.

Il est inutile de démontrer que la France ne saurait intervenir seule. Il y aurait pour elle un double péril. — D'abord, une intervention directe constituerait un acte d'hostilité contre les puissances du Nord. En second lieu, dans l'état d'exaspération où sont maintenant les esprits, l'intervention, pour être efficace, devrait être puissante, et elle entraînerait une occupation indéfinie. Cent mille hommes et cent cinquante millions par an y suffiraient à peine. Nos relations à l'extérieur sont-elles assez affermies pour nous permettre un tel déploiement de forces hors de notre territoire? — La situation de nos finances s'accommoderait-elle d'une pareille dépense? — Qui oserait se charger aujourd'hui de la terrible responsabilité que Napoléon assuma sur sa tête en 1808? — Et qu'on ne cherche point un encouragement dans l'exemple de 1823! Tous les éléments qui firent le succès de cette dernière expédition seraient à présent contre nous; car nous irions encore attaquer ce que les Espagnols défendaient en 1808.

La France a-t-elle retiré du traité quelque avantage pour son commerce? Non! — Il nous a privés d'une exportation de plus de cent millions de francs en armes, en effets d'habillement et en marchandises.

Le traité a-t-il été avantageux à l'Angleterre? — Oui! — Son commerce et sa politique en recueillent journellement les bénéfices (1).

(1) En veut-on un exemple? Un agent de Cabrera, dans le mois de novembre dernier, traverse la France pour aller acheter à Londres dix mille fusils: les bâtiments chargés de ces armes arrivent en face de Valence; le commandant de la croisière anglaise est là pour intercepter tous les secours destinés à don Carlos; mais entre le devoir de sa charge et l'intérêt des marchands de Londres, il se fait une capitulation de conscience; le dernier prévaut, et il laisse débarquer une partie des dix mille fusils sur la côte. L'autre partie avait été prise par des bâtiments espagnols et conduite à Barcelone. Mais alors le consul anglais intervient et réclame ces armes comme marchandise et propriété anglaise. Deux mois après, la police française est instruite que cet agent de Cabrera a passé par la France pour se rendre en

Voilà les résultats du traité de la quadruple alliance.

En droit, il a donné sa sanction à des actes arbitraires et illégaux qui ont changé l'ordre de succession en Espagne ; il renferme la violation des traités d'Utrecht, de Rastadt, de Londres et de Vienne. Il est une dérogation flagrante au principe de non-intervention invoqué autrefois par ceux qui l'ont sollicité, proclamé depuis par ceux qui l'ont conclu.

En fait, il a produit des effets contraires à son but ; il a faussé la question espagnole, qui, sans l'inutile appui qu'il a prêté à l'un des deux partis, aurait depuis long-temps obtenu sa solution naturelle; il a été funeste à l'Espagne et préjudiciable à la France.

En définitive, il n'a profité qu'à l'Angleterre. — Ce n'est pas une compensation suffisante de tout le mal qu'il a fait !

3° CE QU'IL EST ENCORE POSSIBLE DE FAIRE.

Avant d'indiquer les moyens que nous croyons propres à atteindre ce but, posons une question préjudicielle.

La lutte engagée entre les christinos et les car-

Angleterre ; elle ignore l'objet de sa mission ; mais elle traduit en police correctionnelle, où ils sont condamnés, ceux qui lui avaient fourni le logement et lui avaient, sans mauvaise intention de leur part, fait obtenir un passeport. Ce fait donne la mesure de la bonne foi que les deux gouvernements apportent dans l'observation de leurs engagements respectifs.

listes peut-elle se terminer sans une puissante entremise? — Non ; car l'expérience de plus de quatre ans n'a que trop mis en évidence que les secours limités ou précaires, accordés clandestinement aux deux partis, suffisent bien pour entretenir une guerre d'extermination, mais non pas pour assurer à l'un un triomphe décisif sur l'autre; et peut-être c'est là le vœu secret de quelques-uns de ceux qui les soudoient dans ce long duel à mort!

Mais, dira-t-on, le roi des Français ne peut pas même intervenir amiablement en faveur de don Carlos. Révolutionnairement parlant, on pourrait être fondé en droit. Pour rendre l'objection moins tranchante, nous allons poser autrement la question.

La France peut-elle donner son adhésion explicite ou implicite à don Carlos? et, s'il est reconnu que la masse du peuple espagnol appelle ce prince, la France a-t-elle le droit de s'y opposer?

Si l'on répond négativement à la première partie de cette question complexe, et affirmativement à la seconde, il en résulterait que la question espagnole serait insoluble, et que l'Europe serait condamnée à se repaître sans fin du spectacle révoltant qui, depuis quatre ans, fait frémir quiconque porte un cœur d'homme.

Cela n'est pas possible!

L'orgueil des empereurs romains ne pouvait s'assouvir que dans les jeux féroces et sanglants du Cirque; mais dans ce siècle de civilisation, des souverains qui font asseoir à côté d'eux sur leur trône la religion, la justice et l'humanité, ne peuvent tolérer plus long-temps de semblables atrocités, ni rester sourds à la voix de leurs peuples qui, de toutes parts, leur crient : Assez !

On a bien dit que les deux principes qui divisent le monde politique s'étaient donné rendez-vous en Espagne, et qu'il n'était permis à personne de forcer l'enceinte du champ-clos où ils se combattent à outrance. Ce serait, en d'autres termes, invoquer la maxime de la Convention : *Périssent les colonies plutôt qu'un principe !* Une maxime plus ancienne et plus sainte est celle : *Salus populi suprema lex esto !*

On a osé bien plus encore. Un écrivain, qui de tous, peut-être, a pénétré le plus avant dans les entrailles de la question espagnole, mais qui semble se complaire dans les paradoxes, n'a pas craint, tout en les détestant, d'imprimer les lignes suivantes :

« En Espagne, avant qu'un ordre régulier de-
« vînt possible, il fallait que de part et d'autre
« on détruisît les obstacles qui s'y opposaient.
« Or, il n'y avait que les excès carlistes qui pus-
« sent extirper par la violence la force motrice
« des excès révolutionnaires; il n'y avait que
« les excès révolutionnaires qui pussent extirper
« par la violence la force motrice des excès car-
« listes. Il fallait que, *dans le sang et dans la*
« *flamme*, cette double destruction s'opérât

« avant que les deux éléments de force gouver-
« nementale qui existent dans les deux camps
« fussent assez purgés de leur *venin natif*, assez
« épurés de leurs moyens de perturbation réci-
« proque, pour que la transaction qui doit les
« réunir devînt possible et salutaire. »

Ce sophisme cruel est un outrage au caractère espagnol, et n'est au fond qu'une apologie de la guerre civile.

Non ! l'Espagne n'est point tombée à ce degré de barbarie. Ce n'est point d'elle-même qu'elle en est venue à déchirer son propre sein. L'aggression de Napoléon en 1808, l'aberration de Ferdinand VII en 1833 et le traité du mois d'avril 1834, voilà où prirent naissance les horribles convulsions dans lesquelles elle se tord aujourd'hui ! Elle ne recélait pas dans ses veines le venin qui la brûle ; ce venin y fut injecté par des mains étrangères. Il y a trente ans que son sang coule à torrents ; et si, comme on le prétend, il fallait le laisser couler encore pour l'épurer, ce serait dire que la masse de ce sang est entièrement corrompue.

Il n'est pas vrai que les guerres civiles régénèrent les nations et développent de grands caractères. L'histoire est pleine de démentis pour ces doctrines erronées.

C'est de la guerre du Péloponèse, des proscriptions de Marius et de Sylla, que datent, pour la Grèce et pour Rome, la licence des soldats, la corruption des mœurs et des institutions, la perte de la liberté, la décadence, la ruine. Les chefs de la Ligue vendirent à Henri IV leur soumission tardive, et ceux de la Fronde furent les courtisans les plus serviles de Louis XIV. C'est parmi les républicains que Napoléon recruta son sénat, ses ministres, ses conseillers d'état, et que la Suède a pris un roi. Le sang de Laroche-Jaquelin, de Lescure, de Sombreuil, de Charette, a coulé sans fruit; le paysan breton est resté ce qu'il fut toujours. L'épreuve a été assez longue pour l'Espagne; et cependant aucun grand caractère n'est apparu, et à aucune époque de son histoire elle n'offrit une telle pénurie d'hommes de mérite et de talent. C'est la guerre civile qui enhardit quelques Espagnols à porter une main homicide sur les ministres des autels, objets jusqu'alors sacrés pour eux; et le spectacle que nous offrent les républiques, nées de l'émancipation de l'Amérique espagnole, n'est pas le moindre des arguments contre la théorie du publiciste girondin.

Malheur donc aux arbitres du sort des nations qui se laisseraient endurcir par d'aussi détestables sophismes! En présence de cet immense abattoir d'hommes, l'inaction des souverains accuserait moins leur impuissance qu'elle ne révélerait une politique fausse, égoïste, sans cœur, sans dignité, sans prévoyance; qui finirait par les compromettre eux-mêmes, car qui sait ce qu'il peut sortir de ce volcan dont la furie s'accroît sans cesse. Une telle politique les déshonorerait dans le présent, les flétrirait dans la postérité.

Sans doute la maladie que nous les appelons à guérir est grave et compliquée; mais les moyens curatifs existent, et nous croyons pouvoir assurer qu'il n'est pas même nécessaire de recourir à des remèdes héroïques.

Dans cet espoir, nous allons proposer quatre moyens.

PREMIER MOYEN.

Ce moyen serait tout simplement de finir par où on aurait dû commencer. La France et l'Angleterre, reconnaissant enfin que le traité de la quadruple alliance n'a été qu'une cruelle déception, conviendraient de rester spectatrices impartiales du débat. Elles inviteraient les autres puissances à n'y prendre aucune part directe ou indirecte. Un blocus rigoureux s'opposerait à l'introduction de tout secours en hommes, en armes, en argent. Les deux partis seraient abandonnés à leurs forces réelles, et le sort des combats en déciderait.

Dans l'état des choses, ce moyen serait plus conforme aux règles de la justice qu'à celles d'une sage politique.

Quelle serait la garantie de l'observation d'une stricte neutralité? Et puis, quoiqu'il fût probable que le dénouement ne se fît pas attendre, il n'en faudrait pas moins que la lutte se prolongeât; enfin, une fois que le sort des armes aurait prononcé, il y aurait des vainqueurs et des vaincus, source d'humiliations pour les derniers et d'obstacles à une réconciliation immédiate.

SECOND MOYEN.

Ce moyen ne serait autre que celui auquel ont recours les habitants d'une ville lorsque le feu prend à la maison du voisin : ils forment la chaîne.

Puisque le traité de la quadruple alliance a trahi les espérances qu'on y avait fondées, ne serait-il pas opportun que la France, la plus intéressée dans la situation, prît l'initiative d'une mesure plus efficace? Ne pourrait-elle pas demander la formation à Paris d'un congrès où se rendraient les plénipotentiaires de la France, de l'Angleterre, de l'Autriche, de la Russie, de la Prusse, de la Sardaigne, de Naples et même de Rome.

Ce congrès, qui pourrait s'inspirer des souvenirs de celui d'Utrecht, aurait pour premier avantage, en ménageant les susceptibilités et les amours-propres des puissances signataires du traité du mois d'avril 1834, de les sortir de la fausse position où elles se trouvent placées. Là seraient enfin résolues ou tranchées les questions qui imposent aux souverains leur homicide inaction, ce qui rendrait facile le choix des mesures les plus propres à rétablir l'ordre et la paix en Espagne et en Portugal.

C'est ainsi que la conférence de Londres régla les différents entre la Belgique et la Hollande. Mais le nombre et la lenteur des protocoles, les difficultés qui restèrent à aplanir pour ces deux états nous effrayent. L'Espagne et le Portugal auraient péri peut-être avant le temps seulement nécessaire pour la réunion d'un congrès. Le mal qui les dévore ne peut s'accommoder d'un traitement systématique et lent; il est parvenu à son paroxysme : il lui faut des remèdes prompts.

TROISIÈME MOYEN.

Nous avons établi :

1° Que le traité de la quadruple alliance n'avait pas atteint et ne pouvait atteindre le but qu'on s'était proposé;

2° Que ce traité, onéreux à la France, funeste à l'Espagne, n'avait profité qu'à l'Angleterre;

3° Que la France et l'Angleterre ne pouvaient intervenir par les armes pour rétablir la paix dans la Péninsule;

4° Que la guerre civile, dont elle est le théâtre, ne pouvait se prolonger sans outrager l'humanité, porter atteinte à l'honneur des souverains et compromettre le repos du reste de l'Europe;

5° Qu'une stricte neutralité ou l'établissement d'un congrès seraient des expédients tardifs et mal appropriés à l'imminence du péril.

Il résulte nécessairement de ces prémisses que ce n'est que par une transaction que l'Espagne peut sortir de la situation presque désespérée où elle est forcément délaissée. Pour cela, il faut profiter des éléments qu'elle renferme, et trouver une main habile qui sache les mettre en œuvre. Ceux qui, comme nous, ont bien étudié et connaissent à fond les hommes et les choses de ce pays, n'ont jamais douté qu'on n'y fût parvenu depuis long-temps si on l'eût voulu franchement.

En effet, les masses sont fatiguées et dégoûtées du spectacle hideux qu'elles ont sous les yeux. Ces scènes non interrompues de carnage et de pillage leur font détester également les deux partis. S'il a manqué à l'Espagne cette classe moyenne sans laquelle toute régénération sociale est impossible, il s'y trouve des deux côtés un grand nombre d'hommes modérés qui désirent un rapprochement, et qui s'entendraient facilement avec ceux qui entreprendraient de l'opérer d'une manière convenable. Déjà des colonels et des officiers christinos ont donné leur démission pour se soustraire à l'office de bourreaux qu'on leur imposait. Les juntes basques voient avec effroi l'épuisement et la dépopulation de leurs provinces. Non moins attachées à leurs priviléges qu'à don Carlos, elles souscriraient à toute concession qui leur en assurerait le maintien. La levée de boucliers de Munagorri, si elle avait été conçue dans un esprit de nationalité et plus habilement dirigée, aurait pu ne pas être sans résultat. Si elle n'inspira aucune confiance aux christinos, et si elle devint un objet de mépris pour les carlistes, c'est parce que des uniformes anglais se montrèrent à sa suite. Autour même de don Carlos plus d'un vœu secret appelle une réconciliation. Tous ensemble, peuple, soldats, chefs d'armée ou de partis, s'aperçoivent enfin qu'ils se débattent sur le bord d'un abîme. Tous béniraient la main qui viendrait les en retirer; tous se disent que ce ne peut être que la main de la France.

Mais cette main doit être désarmée; elle ne doit apporter que des bienfaits et des garanties.

Pour réunir ces éléments hétérogènes et les faire converger vers le but désiré, le premier soin doit être de rechercher les hommes qui, par leurs antécédents, leur caractère, leur patriotisme éclairé, leur désintéressement, par des services déjà rendus, puissent inspirer de la confiance à tous les partis et faire écouter leur voix.

Porteurs d'instructions sagement élaborées et des garanties qui puissent les rendre efficaces, ces hommes de réconciliation se dévoueront à l'entreprise.

Ils commenceront par s'assurer de l'assentiment des chefs: leur route, de ce côté, est aplanie d'avance. Les républicains ont essayé leurs forces. C'est en vain qu'ils ont cherché des exemples dans les pages les plus terribles de notre histoire. Le massacre de quelques moines restés dans leurs couvents et d'autres meurtres semblables n'ont été que des actes d'une impuissante fureur. La hache révolutionnaire de 1793 est comme la massue d'Hercule; il n'y a plus de bras assez fort pour oser la manier. Et puis, avant de dresser les échafauds, le Comité de Salut public avait commencé par organiser la victoire, par purger le sol français de la présence des étrangers, et il semblait vouloir se rédimer du sang des victimes par l'indépendance de la patrie et la gloire de quatorze armées triomphantes. Ceux qui ont essayé de les imiter en Espagne savent de reste qu'ils peuvent créer des obstacles ou des embarras, mais qu'ils sont impuissants pour renverser l'un ou l'autre parti, qui, plutôt et à l'extrême, se réuniraient contre eux. On aura bon marché de ces brouillons sans consistance comme sans capacité.

Les constitutionnels sont à peu près désillusionnés; ils savent à présent quels fruits peut produire un gouvernement représentatif sur le sol de l'Espagne, lorsqu'ils voient les déceptions qu'il engendre sur des terres mieux préparées. Les hommes les plus éminents et les plus influents de cette opinion en sont venus à désirer tout ordre de choses qui assurerait leur vie, leur rang et leur fortune. Pour les peindre d'un seul trait, voici l'aveu naïf que faisait naguère à un fougueux républicain, revenu de son exaltation, un constitutionnel aussi distingué par son esprit que par sa position sociale.

« Avec les républicains, je puis perdre mon « titre et ma fortune; mais avec les carlistes je « cours le risque de perdre ma tête. J'aime « mieux conserver ma tête. »

Cette première tâche remplie, les négociateurs feront comprendre à Christine que le traité de la quadruple alliance, dont sa fille fut le principal objet, ne lui a procuré qu'une impuissante protection; que les vœux des masses ne sont point, ne seront jamais pour elle; que la volonté privée d'un mourant n'a pu anéantir un pacte sanctionné par des traités solennels et consacré par une possession d'un siècle et demi; que son titre ne saurait prévaloir sur des droits préexistants; qu'il ne serait point légitimé par la force, qu'elle n'a pu, d'ailleurs, se créer au dedans, et qui ne lui viendra plus du dehors; que si un chef plus entreprenant renouvelait la tentative de Moreno, elle s'exposerait à perdre les avantages d'une transaction que la prudence lui conseille d'accepter.

Nous tenons la donnée la plus difficile du problème dont nous cherchons la solution; car voilà les négociateurs en présence de don Carlos. — Forts de ce qu'ils auront obtenu par leurs démarches préliminaires, ils n'ont qu'une manière d'aborder le monarque :

C'est de le saluer et de le reconnaître comme roi d'Espagne.

Vous voulez livrer l'Espagne à don Carlos! s'est écrié un orateur (1); *il fallait, dès le principe, vous prononcer franchement pour l'un des deux partis*, a dit un autre (2). C'est la double accusation qui, de la tribune, est tombée sur les ministres pendant la discussion de l'adresse. A leur place, nous aurions répondu :

« Ce n'est pas nous qui voulons livrer l'Espa-
« gne à don Carlos, c'est l'Espagne qui le pro-
« clamerait roi si on lui permettait de manifes-
« ter librement ses vœux. Le traité de la qua-
« druple alliance est le gage de notre sincérité.
« En le signant, nous cédâmes au désir plus
« qu'à l'espoir de pacifier la Péninsule. L'avan-
« tage de voir s'y établir, par notre concours et
« par celui de l'Angleterre, deux gouverne-
« ments constitutionnels, nous parut une com-
« pensation du préjudice que pourrait causer un
« jour à la France un changement dans l'ordre
« de succession au trône d'Espagne. Dans ce
« but, notre coopération fut franche, active,
« puissante, soutenue. Argent, armes, soldats,
« marins et vaisseaux, tout a été prodigué, et
« les conseils n'ont pas été épargnés. L'incapa-
« cité des ministres, des généraux, leur or-
« gueil ou leur ambition, leurs funestes divi-
« sions, ou plutôt le peu de consistance de la

(1) M. Mauguin.
(2) M. Berryer.

« cause que nous servions, nous ont fait perdre « le fruit de nos sacrifices. Nous ne devions pas « réussir parce que nous avions contre nous « un obstacle dont vous connaissez la force, « mais dont vous ne voulez pas avouer l'exis- « tence. Votre règle, c'est la volonté du peuple, « soit; mais sachez donc, si vous voulez être « conséquents, la respecter partout où elle se « produit. Elle se révèle en Espagne; et si « vous le niez, expliquez-nous alors les re- « vers de Christine, après ce qu'on a fait pour « elle, les succès de don Carlos, après ce « qu'on a fait contre lui. Vous réclamez l'inter- « vention : jamais !! Nous n'avons pas le droit « d'enlever à une nation, par la violence, ses « mœurs, ses institutions, ses doctrines et ses « croyances.

« Quant à vous qui nous reprochez de ne pas « nous être hautement prononcés pour l'un ou « l'autre parti, la liberté que vous nous laissez « nous étonne; nous connaissons vos sympa- « thies, et, si vous êtes sincère, l'opinion que « vous représentez ici ne vous saura pas gré « d'une pareille concession. Nous ne ferons pas « aussi bon marché de nos principes que vous « semblez dans ce moment le faire de vos sym- « pathies. Nous ne saurions douter, dans le cas « où nous serions intervenus en faveur de Chris- « tine, que vous ne fussiez venus à cette même « tribune nous accuser de combattre en Es- « pagne le principe qui a triomphé en France,

« en nous disant, ce que nous admettons pour
« vrai, que le vœu des Espagnols est pour don
« Carlos ; mais si nous avions pris parti pour ce
« dernier, sachez-le bien, ce n'eût pas été pour
« inscrire un nom de plus sur l'annuaire des rois
« absolus, mais pour céder au vœu d'une nation
« dont les *neuf dixièmes* veulent ce prince à
« tout prix. »

A nos yeux, et en droit rigoureux, don Carlos est roi du jour où son frère aîné cessa de vivre. Ce n'est pas une révolution populaire qui l'a chassé du trône, c'est un caprice de Ferdinand qui lui en a fermé l'accès. Il eût été indigne de sa race, il eût mérité le mépris de ses contemporains, il eût laissé un nom flétri dans l'histoire, s'il eût eu la lâcheté d'acquiescer à l'acte qui l'a dépouillé de ses droits. Aussi les hommes de cœur lui tiennent compte de la résolution qu'il a prise, et de sa persévérance à la suivre. Tandis que sa compétitrice, renfermée dans son palais, goûte les délices d'une vie efféminée, il mène la rude vie des camps sur d'âpres montagnes. Les dangers, les souffrances, l'inclémence des saisons, les privations de toute nature, rien n'a pu ébranler sa constance. Une âme forte triomphe en lui des molles habitudes de sa jeunesse, et il est moins dominé peut-être par l'ambition de régner que par le sentiment d'une noble fierté, qui ne lui permet pas de renoncer sans combattre, encore plus pour ses enfants que pour lui-même, au patrimoine de ses pères (1).

Roi par droit de naissance, une fois à la veille d'être couronné par la victoire, le suffrage de la nation ne saurait lui être contesté.

L'épisode de Gomez est une véritable révélation sous ce dernier rapport. Si une épreuve

(1) En 1680, sous le règne de Charles II, la Chambre des Communes avait porté contre le duc d'York, qui fut depuis Jacques II, un bill d'exclusion du trône, qui fut rejeté par la Chambre haute. David Hume a consigné, dans son histoire d'Angleterre, les arguments que firent valoir, pendant la discussion, les partisans et les adversaires du bill. Les adversaires disaient :

« Une autorité entièrement absolue et sans contradiction « est une pure chimère, et ne se trouve dans aucune des « institutions humaines. Tout gouvernement est fondé sur « l'opinion et le sentiment du devoir ; et partout où le ma- « gistrat suprême choque, par quelque statut ou par quel- « que prescription positive, une opinion regardée comme « fondamentale, c'est à dire, établie avec la même force que « sa propre autorité, il renverse le principe par lequel il est « lui-même établi, et il ne peut prétendre plus long-temps « à l'obéissance. Dans les monarchies européennes, le droit « de succession passe justement pour loi fondamentale, et « quand toute la législature résiderait dans une seule per- « sonne, il ne lui serait jamais permis de déshériter, par un « édit, son héritier légitime.... Les abus, dans d'autres « parties du gouvernement, peuvent être redressés par le « souverain, moins passionné ou plus instruit, et doivent « être soufferts patiemment jusqu'alors. Mais les violations « du droit héréditaire entraînent de si terribles conséquen- « ces, qu'il n'y a point d'autres maux, ni d'autres inconvé- « nients qu'on puisse leur comparer. »

analogue pouvait être tentée, faisant abstraction de la force militaire qu'on ne doit jamais admettre comme élément dans de semblables calculs, nous dirions aux généraux christinos et carlistes : « Retenez vos soldats dans leurs camps ou « dans leurs quartiers, et laissez don Carlos, en- « touré de sa famille, parcourir ses provinces. « Les populations entières se précipiteront sur « son passage, le salueront de leurs accla- « mations, et, malgré les plaies saignantes de « la guerre, il ne recueillera que des bénédic- « tions. »

Le champ de la discussion métaphysique se trouve donc fermé, puisque voilà un prince qui peut invoquer en sa faveur les principes qui s'agitent aujourd'hui : « LA LÉGITIMITÉ ET LA SOUVERAINETÉ DU PEUPLE. »

On ne manquera pas d'objecter que, dans la personne de Charles V, ces deux principes ne se modifieront pas ; que le dernier sera absorbé par l'autre ; qu'il est dans la volonté de don Carlos de régner en roi absolu, et qu'il n'est pas sans danger pour la France d'avoir un pareil exemple à ses portes.

Cette crainte serait un motif de plus pour hâter une transaction ; car ce roi absolu peut naître de lui-même. La victoire a plusieurs fois souri à don Carlos : elle peut à chaque instant faire triompher sa cause. S'il en arrivait ainsi, ne devant alors rien qu'à son épée, plus inséparable que jamais de ses conseillers et de ses lieutenants rendus plus exigeants par le succès qui serait leur ouvrage, le temps des concessions serait passé, et l'Espagne ainsi que la France auraient perdu le fruit de nos prévisions.

Mais les craintes qu'on manifeste sont-elles donc aussi fondées que nous voulons bien les croire sincères? Le seul motif qu'on allègue, c'est que le rétablissement du pouvoir absolu en Espagne pourrait devenir un encouragement et fournir un point d'appui aux entreprises que les ennemis du nouvel ordre de choses, en France, seraient tentés de former.... Si le parti qui a succombé en France, en 1830, nourrissait un tel espoir, il aurait eu le temps, depuis que don Carlos est à la tête d'une armée, de se rallier à lui pour hâter un triomphe favorable à ses propres desseins. Nous sommes convaincu qu'il est plus difficile encore de rétablir le pouvoir absolu en France, qu'il ne l'est de fonder en Espagne un gouvernement constitutionnel. Il faudrait que les institutions de juillet devinssent tout à coup bien caduques, pour avoir à redouter de semblables dangers! Ce parti a pris pour devise: « Tout pour la France et par la France.» ce qui veut dire qu'il ne reprendrait plus le chemin de Coblentz ou de Gand, et qu'il ne veut plus de restauration à la façon de 1814 ou de 1815. Pour le moment, le drapeau blanc, arboré sur les Pyrénées, aurait le sort du drapeau tricolore en 1823, sur les rives de la Bidassoa; parce que le canon français frappe sans distinction toutes les couleurs, lorsqu'il les rencontre sur un sol ennemi.

A ces considérations on peut ajouter que depuis 1700, époque de l'avénement de la maison de Bourbon au trône d'Espagne, il n'y a pas d'exemple que les rois de ce pays se soient mêlés de nos affaires. Ferdinand VII n'avait certainement pas vu de bon œil les événements de 1830; cependant il n'a jamais fourni le moindre sujet de mécontentement au roi des Français (1); et nos carlistes ne trouvèrent jamais auprès de lui la protection et la faveur que nos révolutionnaires ont obtenues auprès du gouvernement de Christine. Le caractère de don Carlos est une garantie de la neutralité qu'il observerait sous les mêmes rapports. Il n'y aurait donc ni raison, ni sagesse à se préoccuper de craintes aussi chimériques, et de ne tenir aucun compte des dangers bien autrement réels, graves, imminents, que soulève chaque jour la prolongation de la lutte, et qu'augmenterait l'expulsion de don Carlos.

Mais, en admettant qu'une transaction soit possible, où trouver, dira-t-on, le gage de l'exécution fidèle des engagements qu'aurait pris don Carlos? Qui protégera les constitutionnels et

(1) Le maréchal Bourmont et les officiers qui l'avaient accompagné en Portugal, et qui, après avoir quitté le service de don Miguel, entrèrent sur le territoire espagnol, ne purent obtenir du gouvernement l'autorisation d'y rester, et il leur fut désigné un port où ils durent immédiatement s'embarquer.

les républicains contre la faiblesse d'un roi ou l'influence pernicieuse d'une *camarilla?* Qui préservera les partis eux-mêmes de ce désir de vengeance qui semble inné au cœur des Espagnols?

Plus nous avançons dans notre tâche, plus les questions se multiplient, et plus elles deviennent délicates, car ce sont des questions de personnes.

A la première de ces questions, voici quel est notre réponse.

En n'imposant à don Carlos que des conditions justes, honorables, dictées par son propre intérêt et le bien de ses sujets, on peut être certain qu'elles seront facilement acceptées et scrupuleusement remplies. Don Carlos est un honnête homme, sincèrement religieux, esclave de sa parole. Il a sa part de la loyauté espagnole; il est le fils, et, plus que son frère Ferdinand, il a les vertus de Charles IV, qui fit avec le Comité de Salut public un traité auquel il resta inébranlablement fidèle. Et puis, ses lieutenants garderaient, de leur côté, le souvenir de la foi jurée. La guerre élève les âmes et ennoblit les caractères. Les plus vaillants *guerilleros* de 1809, sortis, pour la plupart, des dernières classes de la société, s'épurèrent dans les combats, devinrent des hommes généreux, et cessèrent d'être des instruments aveugles lorsque le roi, pour lequel ils avaient si vaillamment combattu, oublia ses promesses.

La seconde question mérite un examen plus attentif, car elle renferme l'argument en apparence le plus fondé des adversaires de don Carlos, soit au dedans, soit au dehors.

Nous n'avons point vécu dans son camp, mais nous n'ignorons rien de ce qui s'y passe, et il serait injuste de reprocher à don Carlos un entourage qui est moins l'œuvre de son choix que celle de la nécessité.

Pour l'en absoudre, il suffit de jeter un coup d'œil sur les circonstances dans lesquelles il s'est trouvé placé.

Dix mois s'étaient écoulés depuis la mort de Ferdinand jusqu'au retour de don Carlos. Dans cet intervalle, les grands d'Espagne, les généraux, tout ce que le pays renferme d'hommes d'élite s'étaient ralliés au gouvernement de Christine; ils ne faisaient autre chose que lui continuer l'obéissance jurée à Ferdinand, et dans laquelle devaient les raffermir la reconnaissance d'Isabelle par plusieurs cours étrangères et le traité de la quadruple alliance. S'ils n'étaient pas selon le droit légitime, ils étaient selon le droit légal.

Don Carlos, en arrivant dans les provinces basques, y trouve ralliés à son nom des hommes simples, mais animés de ces passions nobles et énergiques qui font gagner les batailles. Devait-il demander à Madrid des conseillers, une cour? — Mais ceux qu'il aurait appelés étaient attachés par devoir à une autre cause, c'est à dire déjà compromis dans la sienne; ils auraient été repoussés de son camp. Devait-il préluder par des actes de modération ou de profession de foi ambiguë! c'eût été refroidir l'ardeur de ses guerriers. Il fallait combattre! Il s'abandonna donc tout entier à ces hommes généreux autant qu'intrépides, qui lui offraient leur argent, leurs biens et leurs vies. Il leur dut ses premiers succès, et la reconnaissance vint fortifier tous les liens qui l'attachaient à eux.

C'est à la faveur de ces circonstances et à l'ombre de l'isolement où se trouvait don Carlos, que s'était formée cette *camarilla* ignorante, entêtée, intolérante et fanatique, qui a contribué à le discréditer; à laquelle doivent être attribués les principaux revers qu'il a essuyés; qui l'a empêché de profiter des événements qu'une main providentielle semblait avoir préparés pour le dénouement; qui enfin, par la défiance qu'elle inspirait, a écarté les hommes sages des deux partis, les a empêchés de s'entendre, leur permettant à peine d'approcher de don Carlos.

Cette tourbe malfaisante est au parti royaliste ce que les républicains sont au parti constitutionnel. Hommes exaltés! qui prêtent momentanément une énergie éphémère à la cause qu'ils servent en la compromettant, et dont les excès finissent par être plus nuisibles que leurs services n'avaient été utiles.

Don Carlos n'ignorait pas le tort qui en résultait pour lui; il savait fort bien que ce qui est tolérable à Onate ou à Estella serait ridicule et impossible à Madrid, et que cet ascendant cesserait avec les circonstances qui l'avaient fait naître.

A cet égard, nous avons plus d'un garant. La princesse de Beira vient d'apparaître sur la scène; elle n'a pas rejoint le camp de son mari pour y rester long-temps sans action et sans influence. On connaît la vivacité de son esprit, l'énergie de son âme et la fermeté de son caractère. Elle porte le nom de Marie-Thérèse, et elle a l'ambition de le glorifier. Ce qu'elle a fait déjà présage ce qu'elle ne manquera pas de faire encore. — Par l'heureux effet des circonstances, le prince des Asturies a reçu une éducation plus libérale que celle dévolue aux infants d'Espagne; il a parcouru l'Angleterre et l'Allemagne à cet âge heureux où les impressions reçues restent, et il montre déjà que ses voyages n'ont pas été sans fruit pour lui. — L'infant don Sébastien a attaché son nom à une victoire; sa disgrâce, dont il s'est consolé avec les généraux qui l'ont partagée (1), indique assez la ligne politique dans laquelle il marche avec ses braves compagnons d'armes. — Le père Cyrillo, dont rien n'a pu attiédir l'affection et le dévouement qu'il porte à don Carlos, s'est élevé par son seul mérite, de simple moine, à la dignité de général des Franciscains et d'archevêque de Cuba. Il possède toutes

(1) Villaréal, Zaveategui, Eliot, Gomez, Simon de la Torre, Urbistondo, Casa Eguia.

les qualités qui font les hommes d'État ; il est dans toute la vigueur de l'âge. A l'exemple des Ximenez et des de Lerme, appelé comme eux à revêtir la pourpre romaine, il est destiné à rendre d'éminents services à son pays. Son esprit conciliant lui vaudrait le suffrage de tous les partis le jour où il serait appelé au poste qu'il est si capable de remplir. — Enfin, l'intrépide, l'infatigable baron de los Valles, premier aide de camp don Carlos, dont le dévouement a été si utile à la cause.

La troisième question se rattache à des considérations d'avenir. Nous ne prétendons pas que les haines et les mauvaises passions enfantées par trente ans de discorde puissent se calmer tout à coup. La tempête soulèvera quelquefois encore les flots de cette mer agitée ! c'est la suite inévitable des guerres civiles. Mais la lassitude des partis leur fera bénir un repos duquel, avec le temps, naîtront la paix et la concorde.

On a prétendu que don Carlos n'accepterait jamais une transaction : cette opinion n'est point fondée. Il sait fort bien qu'il n'y a plus pour lui d'autre moyen de terminer le débat, et qu'aujourd'hui que ses ressources sont affaiblies elles ne lui procureront pas le succès qu'il n'a pu obtenir quand elles étaient dans leur plénitude. Cet entêtement ne viendrait pas de lui, et il serait facile de lui faire comprendre que son obstination lui aliénerait sans retour les hommes sages de tous les partis, sans le concours desquels son triomphe est une chimère.

Mais enfin, si son aveuglement allait jusque là, il auroit signé l'arrêt de sa ruine. L'intérêt qu'on lui porte cesserait à l'instant; les secours qu'on lui accorde lui seraient retirés; les Espagnols ouvriraient les yeux et comprendraient quel sort leur serait réservé sous le règne d'un prince ainsi dominé; les juntes, qui lui ont donné jusqu'au dernier homme en état de porter les armes, le délaisseraient, et ne consentiraient pas à dévouer les restes de l'existence de leurs provinces à un entêtement sans pitié et sans reconnaissance pour les immenses sacrifices déjà faits. Don Carlos resterait livré à lui-même; mais Christine n'y aurait rien gagné. Toujours conséquente à ses principes, la nation espagnole exigerait une abdication et déférerait la couronne au prince des Asturies. Elle a déjà un précédent dans ce qui s'est passé en 1808, à Aranjuez, entre Charles IV et son fils Ferdinand.

Nous ne redoutons pas un pareil dénouement, et l'on peut nous en croire, nous qui connaissons personnellement don Carlos depuis trente ans; nous qui l'avons vu de près en France, en Espagne et en Portugal; nous qui, depuis cinq ans, avons eu ou entretenu des rapports avec le quartier royal; nous qui avons des notions exactes sur les Espagnols des deux partis qui ont figuré dans la lutte engagée; nous enfin qui, au péril de notre vie et au prix de notre fortune et de notre liberté, avons donné jusqu'à ce jour tant de gages de notre dévouement.

Nous avons parlé de négociateurs et de transaction sans expliquer autrement notre pensée. Pour les premiers, on concevra sans peine les motifs qui ne permettent pas de révéler les noms des individus qui doivent concourir à la réalisation du projet que nous avons conçu. Ami du feu comte de Rayneval, nous répéterons avec lui : *verba volant, scripta manent.*

Quant à la transaction, nous avons fait voir combien la situation de l'Espagne la rendait urgente ; mais avant d'en indiquer les bases, nous devons montrer qu'elle n'est pas moins réclamée par les dangers dont des ambitions intérieures ou extérieures viendraient compliquer cette situation.

En première ligne, se présente un homme dont la conduite tour à tour circonspecte ou hardie, mais toujours équivoque, est devenue, pour ses compatriotes, une énigme dont ils cherchent en vain le mot.

Depuis qu'Espartero est investi du commandement de l'armée du Nord, il a paru plus occupé du soin d'établir sa prépondérance dans le gouvernement que d'assurer le succès de ses armes ; il a mis plus d'ardeur à combattre quelques factions, à poursuivre ses ennemis personnels ou ses rivaux, qu'à repousser les armées de don Carlos. Avec les moyens considérables mis à sa disposition, il n'a rien entrepris d'important ; des marches, des contre-marches sans but apparent et sans résultat; des siéges mollement tentés, et abandonnés aussitôt qu'entrepris; absence de toute combinaison stratégique : on dirait que, bornant ses efforts à contenir dans une certaine limite un ennemi qu'il ne songe pas à anéantir, il entretient une sorte de neutralité à la faveur de laquelle il mûrit ses desseins secrets, tout en préparant les moyens d'en assurer plus tard l'exécution.

Nous allons parcourir les principaux actes qui ont signalé sa carrière ; s'ils ne sont pas assez fortement dessinés pour faire pénétrer ses vues, ils ont assez de gravité pour appeler sur lui une prudente défiance.

Le plus remarquable, c'est la résolution hardie qu'il prit de faire passer par les armes les assassins de Saarsfield, à la face d'une armée désorganisée par l'indiscipline et la révolte. Cette action honorera toujours Espartero ; mais la politique y eut peut-être autant de part que la justice. En frappant les esprits par une sévérité qu'on n'attendait pas de lui, il voulut avertir ceux qui pourraient contrarier un jour ses projets que la résolution et l'énergie ne lui manqueraient pas au besoin, et cet épisode n'aurait été ainsi que le prélude de son ambition.

Plus tard il vint à Madrid avec l'intention avouée de renverser un gouvernement qui lui déplaisait ; mais le défaut de concours de ceux sur lesquels il comptait fit avorter cette tentative.

De son camp, après avoir résisté avec opiniâtreté aux ordres qu'il recevait, il a fini par adresser à Christine des représentations impérieuses en style peu respectueux. De là l'effroi des républicains et des constitutionnels, la coalition de Cordova et de Narvaez, l'échauffourée de Séville.

Aujourd'hui Christine met en lui son espoir, sans qu'elle puisse s'empêcher de le craindre. *La camarilla* lui est propice. Les constitutionnels déçus se réunissent, pour l'appuyer, aux partisans de l'absolutiste Zéa Bermudez, ce ministre d'état à la mort de Ferdinand, remplacé depuis par le *candide* constitutionnel Martinez de la Rosa. Il a composé le cabinet actuel, à la tête duquel se trouve Pérez de Castro.

Maître de toutes les avenues du pouvoir, tentera-t-il de s'en emparer? Une usurpation militaire en Europe n'est plus de ce siècle, et encore moins de son pays. Il faut d'autres prestiges, d'autres trophées que ceux de Luchana pour oser imiter Cromwell ou Bonaparte. La majorité qu'il a conquise dans les Cortès pourrait lui faire espérer un parlement *Rump*, et dans les trois ou quatre régiments qui lui sont dévoués, il trouverait peut-être le noyau d'une garde prétorienne; mais où placerait-il le siége de son protectorat ou de sa dictature? S'il restait à Logrono pour observer Maroto, il aurait à craindre des soulèvements dans les provinces éloignées de son quartier général; s'il choisissait Madrid, il ne pourrait y venir qu'avec une portion de son armée, et surtout avec les régiments qui font sa force principale; Maroto aurait alors la supériorité numérique, et ne manquerait pas de venir l'y attaquer. Obligé de sortir de Madrid pour lui faire face, Espartero courrait le risque d'être placé entre deux feux, si un mouvement insurrectionnel contre lui venait à éclater tout à coup dans la capitale.

Voudrait-il se faire le héros d'une restauration? Le rôle de Monk irait mieux à son caractère et à sa taille; mais les situations ne sont pas les mêmes. Si l'action du lieutenant de Cromwell fut justifiable et même honorable, elle ne serait qu'une trahison de la part du général de Christine.

Peut-être se prépare-t-il à traiter à main armée avec don Carlos; il ne faut pas lui laisser une telle initiative. Pour être juste et efficace, un pareil arbitrage ne doit être exercé que par des médiateurs qui, n'ayant rien à demander pour eux-mêmes, sauront faire une équitable part et assurer des garanties à tous les droits légitimes ou acquis.

Quoi qu'il en soit, la marche d'Espartero est trop mystérieuse pour être loyale. Si l'usurpation ou la trahison n'est pas dans sa pensée, le complot et l'intrigue se manifestent dans ses actes. Il est évident qu'il s'occupe de tout autre intérêt que celui dont on lui a confié la défense. Il faut le prévenir, afin que son ambition ou son imprudence ne vienne pas accroître les difficultés de la position.

. . . .

Voyons maintenant ce qui peut venir du dehors.

D'après la force respective des partis en Espagne, le trône de Ferdinand peut être considéré comme vacant par le fait ; mais sa fille n'est plus *l'innocente Isabelle* ; elle a rompu ses langes, et un étranger, soutenu par une puissance ennemie ou rivale de la France, peut arriver à chaque instant et venir lui constituer, par la force, un droit qu'elle ne tient pas de sa naissance.

Les ducs de Nemours et d'Aumale, ainsi que le prince de Joinville, sont assez près pour entrer les premiers dans cette lice ouverte ; mais l'Angleterre, l'Autriche et la Russie ne consentiront jamais à laisser un fils du roi des Français s'asseoir sur le trône d'Espagne. L'exemple de Philippe V ne se renouvellera pas de sitôt.

La Russie est sans affection pour la branche aînée des Bourbons, et elle n'a pas témoigné beaucoup de sympathie pour la branche cadette. On dirait qu'aujourd'hui elle cherche à lui créer des embarras ou à lui susciter des prétendants ; elle caresse le fils de Beauharnais et lui jette à la tête une grande duchesse ; ne serait-ce pas un indice du projet qu'on lui suppose de marier le czarowitz avec la fille de Jérôme Napoléon ?

et tout s'accorderait ainsi pour confirmer l'opinion répandue, qu'elle se dispose à reconnaître dona Maria.

L'Autriche n'a rien changé aux cartes géographiques de Charles-Quint; elle n'a fait qu'y encadrer ses acquisitions modernes. Elle n'a pas renoncé à ses prétentions sur la Catalogne, qui rêve toujours son indépendance, ce qui lui offrirait une belle tête de pont sur l'Espagne; elle ne manque pas d'archiducs pour entretenir la prospérité que lui ont si souvent procurée d'heureux mariages: *felix semper Austria nube!* On va jusqu'à dire que des négociations sont entamées pour marier Isabelle II avec un fils de l'archiduc Charles d'Autriche, et que Zéa Bermudez et Marliani, après avoir noué les fils de cette intrigue à Berlin, sont maintenant à Vienne pour en assurer le succès. Ce qu'il y a de piquant, c'est que ces deux personnages, qui repoussent don Carlos comme étant le drapeau des absolutistes, demandent que le fils de l'archiduc Charles soit déclaré régent pendant la minorité d'Isabelle, qu'il renverse tout ordre constitutionnel, et qu'il rétablisse immédiatement le pouvoir absolu en Espagne.

L'Angleterre, toujours l'ennemie invétérée de la France, est déjà mécontente de voir deux Bourbons sur les trônes de France et de Naples; elle ne négligera rien pour empêcher qu'un troisième se replace sur celui d'Espagne; elle sait que don Carlos a du sang français dans les veines; que ses affections naturelles, ses souvenirs de famille le porteront à devenir et à rester l'allié de la France. Pour l'écarter, elle préférerait appuyer les prétendants des autres puissances; mais elle n'en est pas dépourvue elle-même, et elle est fort bien à la cour de Christine. — Elle a toujours des Cobourg protestants ou catholiques à offrir, suivant l'occurrence; elle en destine un à sa propre reine, et ne sera satisfaite que lorsque les dynasties des Cobourg auront fait disparaître les dynasties des Bourbons; car en Europe comme en Asie, le trafic des princes est une branche importante du commerce de ce gouvernement marchand.

Il faut déjouer les intrigues nées, et se prémunir contre celles qui pourraient naître : ce qui nous amène au terme de la tâche que nous nous sommes imposée dans ce paragraphe, c'est à dire à la recherche des bases sur lesquelles peut s'opérer une transaction.

Si l'on a bien suivi l'enchaînement des propositions que nous avons successivement établies, on doit demeurer convaincu qu'il n'y a pas de transaction possible sans la reconnaissance de don Carlos. Cette vérité a acquis à nos yeux l'évidence d'une démonstration mathématique.

Une fois ce principe fondamental admis, le reste n'a plus qu'une importance secondaire, susceptible de combinaisons ou de modifications diverses, selon les sympathies, l'intérêt, la position respective des partis, ou suivant que la sagesse de leurs mandataires permettra de les régler. Nous ne traçons aucun plan sur un sujet aussi délicat : nous allons nous borner à émettre quelques idées.

Pour fermer la porte aux étrangers, ne pourrait-on pas marier le prince des Asturies avec la fille aînée de Ferdinand? Mais nous craignons que l'austérité des mœurs de don Carlos ne lui fît envisager avec effroi, pour son fils, l'intervalle qui sépare une fille de huit ans de son âge nubile.

Le prince des Asturies restant libre, serait-il impossible de lui ménager une union dans les autres branches de sa famille? Nous savons qu'il est des princes qui goûtent le bonheur d'être pères plus que rois ; mais la raison d'état a ses exigences. L'histoire offre assez d'exemples qui prouvent que les enfants des rois sont des moyens que la politique se réserve. De nos jours, la fille du roi de Bavière dut étouffer ses penchants pour épouser Eugène Beauharnais ; et cette union, source de bonheur pour elle, est aujourd'hui le véhicule de l'élévation de ses enfants.

Il faut chercher pour l'Espagne une arche d'alliance et de propitiation, car il s'agit du salut d'une nation amie, de renouer les anneaux d'une chaîne formée il y a cent trente-huit ans, et qui menace de se rompre au grand dommage des deux pays.

Quant aux garanties politiques à exiger de don Carlos, on ne doit pas les chercher dans une charte ou une constitution ; tout ce qu'on a vu prouve assez que les aliments de cette nature ne conviennent pas au tempérament de l'Espagne. Il ne faut pas non plus lui rendre, comme, dans un fol enthousiasme elle l'a quelquefois demandé, *el Rey veto ;* mais, pour que l'autorité et la dignité d'un roi ne soient pas déprimées, il convient que ses actes soient affranchis de toute contrainte. Ce n'est point une capitulation qu'on doit lui présenter à signer, c'est une couronne libre et dégagée qu'il faut lui restituer.

Il suffira pour cela d'une proclamation royale, dans laquelle il prendra deux engagements : le premier, l'oubli sincère et complet du passé; nous ne disons pas AMNISTIE. En effet, don Carlos ne combat pas des rebelles ; la responsabilité de tout ce qui a été fait contre lui pèse exclusivement sur la volonté et la mémoire de Ferdinand. Le second, la convocation immédiate des *Cortès por estamentos*, à l'effet de reconnaître le prince des Asturies, et pour les consulter sur les mesures d'ordre public à prendre dans l'intérêt de ses sujets, et sur les modifications à apporter dans les anciennes lois et constitutions du royaume, pour les mettre en harmonie avec la civilisation et les progrès de la raison publique.

QUATRIÈME MOYEN.

Ce dernier moyen exigerait l'intervention, non pas officielle, mais officieuse du roi des

Français, et il pourrait être employé avec d'autant plus de facilité qu'on ne demande ni hommes ni argent pour son exécution. Nous avons puisé ce moyen dans ce principe de guerre : qu'il faut tourner une position, quand il y a trop de danger à l'attaquer de front.

S'il fallait s'en rapporter au dire de quelques personnes qui vivent sous l'atmosphère des chancelleries, il y aurait un cinquième moyen.

On prétend, quoique l'évacuation du Luxembourg et du Limbourg ne fût que la conséquence du traité des vingt-quatre articles, que le gouvernement français n'y aurait donné son adhésion qu'après la plus vive résistance; mais que pour le dédommager du sacrifice fait à sa loyauté, les puissances co-signataires du traité abandonneraient la question espagnole à son libre arbitre; qu'en conséquence, on ferait filer une armée en Espagne pour expulser don Carlos, afin de donner *quelque chose de national* à la France, pour la compenser de la disgrâce essuyée en Belgique.

Ce texte, s'il était vrai, appellerait de graves réflexions. D'abord, une pareille concession, de la part des puissances co-signataires du traité des vingt-quatre articles, serait sans moralité; elle prouverait que le *veto* mis à toute intervention en Espagne n'était fondé ni sur la conviction ni sur la justice, puisqu'il peut céder au désir de faire une courtoisie; elles deviendraient par là responsables de tout le sang inutilement versé pendant quatre ans.

D'un autre côté, les questions vitales qui tiennent à l'honneur et à l'indépendance des nations sont en dehors *du système des compensations*. De quel droit ferait-on de l'Espagne le bouc émissaire de la Belgique, en la chargeant des frais de notre mésaventure chez la dernière? Ce qu'il y a de positif, c'est que la France paierait trois fois, savoir : le morcellement de la Belgique, son affaiblissement en Espagne par suite de l'expulsion de don Carlos, et les frais énormes de l'expédition. Si l'on voulait raisonner logiquement, il faudrait renverser la proposition et dire : « On nous a affaiblis en Belgique, nous « devons nous fortifier en Espagne par le réta- « blissement de don Carlos ; » car, privée d'alliés, la France est un corps d'armée dont la Belgique est l'avant-garde, et l'Espagne l'arrière-garde comme une planète au milieu de ces deux satellites, elle doit comprendre que la moindre perturbation dans un des éléments de sa constitution organique affecte le système entier.

Enfin, il n'y a de *national* que ce qui est grand, glorieux, utile et juste.

Or, il n'y aurait pas de grandeur à renverser, à notre propre détriment, sans raison et sans droit, un des édifices les plus solides et les plus imposants de Louis XIV. Il n'y aurait pas de grandeur à tourner, contre l'indépendance d'une nation amie, des armes qu'il ne nous a pas été donné d'employer à sauver la nationalité polonaise, à empêcher le morcellement de la Belgique. Il n'y aurait pas de grandeur à prêter une pareille assistance à un parti qui a fait un si déplorable usage des secours qu'on lui a prodigués; dont la nullité montre qu'il n'a pas l'assentiment populaire, et qui vient d'ajouter à la honte de son impuissance celle de réclamer l'intervention. Tout appel à l'étranger est un crime. Le malheur de notre restauration, l'accusation qui la poursuivit jusqu'au dernier jour de son existence, fut de s'être appuyée sur les baïonnettes étrangères. Ce sentiment de répulsion serait mille fois plus terrible et plus vivace dans le cœur des Espagnols.

Aucune gloire n'attend nos soldats en Espagne. Le drapeau national en Espagne c'est Charles V, et le drapeau tricolore doit être l'ami de toutes les bannières nationales. Quelle gloire pourraient-ils conquérir sur de braves montagnards qui ne sont pas nos ennemis, et qui ne combattent qu'en faveur de leur indépendance et de leur souverain légitime? Il reste assez de bons soldats et de bons officiers de Napoléon pour leur apprendre que, tout en obéissant, ils avaient donné le nom d'*impie* à la guerre qu'ils firent autrefois en Espagne; que, dans ces mêmes provinces où on les enverrait aujourd'hui, quelques bandes de guérillas occupèrent constamment un corps de quarante mille hommes;

qu'enfin, pour l'armée d'Espagne, les généraux étaient aussi circonspects dans les demandes, que l'empereur était avare dans la distribution des récompenses.

Il n'y aurait aucune utilité pour les deux pays. Pour la France, frais immenses et péril d'une intervention, occupation indéfinie, danger du mariage d'Isabelle avec un prince étranger; nous avons suffisamment démontré tout cela. Pour l'Espagne, recrudescence dans l'exaspération des partis, prolongation d'une lutte acharnée. Ce n'est pas le tout que de réduire momentanément un parti : il faut faire de manière à n'avoir plus besoin d'y revenir. En la livrant à elle-même, don Carlos triomphe, et tout s'apaise, parce que la nation est avec lui : les Espagnols sont ainsi faits.

Il y aurait encore moins de justice; car toute intervention armée est un attentat à la liberté et à l'indépendance d'une nation.

Ce projet réunirait les trois premiers des caractères que nous venons d'assigner au mot *national;* que, s'il lui manquait le dernier, la justice, il faudrait y renoncer. Ce serait le cas d'appliquer les paroles d'Aristide à Thémistocle : « *Le plan que vous proposez serait utile aux Athéniens; mais il est injuste, je le rejette.* »

Le roi des Français ne se laissera pas séduire par un vain mot; il ne déviera pas de la ligne qu'il a tracée et maintenue avec tant de prudence. Si on lui laissait plus de latitude à l'égard de l'Espagne, il n'en userait pas pour faire violence à un pays qu'il connaît et qu'il aime ; mais, s'il en arrivait autrement, la protestation de Charles X serait un acte véritablement plus *national* que l'expulsion de don Carlos.

Le développement que nous avons donné au troisième moyen fait assez voir que c'est celui que nous préférons. Dans la conviction où nous sommes que la réintégration de don Carlos dans ses droits est le vœu sincère de tous les souverains, nous ne devons pas présumer que le roi des Français, lorsqu'il ne s'agit pour lui que d'une participation détournée, s'y refuse pour de vains scrupules. Les immenses avantages qui en résulteraient pour les deux pays ne sauraient être mis en balance avec la crainte du blâme de quelques journaux ou de quelques tribuns. Plaisant aéropage, pour lancer l'ostracisme sur des têtes couronnées ! singuliers électeurs, pour mettre au ban de leur empire un prince qui a le malheur de leur déplaire ! admirables législateurs, qui, le fer et la flamme à la main, prétendent imposer à une nation un code qui lui est antipathique ! Le maintien de l'exhérédation de don Carlos, en vertu de pareils arrêts, serait l'attentat le plus audacieux aux droits des souverains et des peuples, le plus grand scandale du siècle !!!

Qu'on adopte ce moyen ou qu'on recoure à d'autres expédients, il est temps de prendre un parti et de le prendre sans remise ; car *il y a péril en la demeure*, et, tant qu'il y a un moyen humain de sauver l'Espagne de la catastrophe qui la menace, il y aurait impiété à se croiser les bras pour se borner à appeler sur elle les seuls secours de la Providence.

En repoussant l'intervention, dont un de ses ministres avait fait une question de cabinet, le Roi a prouvé qu'il avait pénétré toutes les profondeurs de la situation, et il est heureux que, dans cette circonstance, la maxime « *le roi règne et ne gouverne pas* » n'ait pas prévalu. Il a mieux fait que ne pas intervenir ; il s'est abstenu !

Mais aujourd'hui qu'il est démontré que l'acte et le testament de Ferdinand ont causé tout le mal, et qu'il est plus facile de rétablir l'ordre en renversant cette œuvre qu'en la soutenant, s'arrêter dans la mauvaise voie où l'on a eu le malheur de s'engager, serait folie !

Depuis quelque temps on a mis en honneur une espèce de culte pour les *faits accomplis* ; mais tant qu'ils ne le sont pas, lorsqu'on est placé dans ces hautes régions d'où l'on peut les étudier pendant qu'ils s'agitent, qu'on a la puissance propre à les modérer ou à leur imprimer une direction salutaire, il ne faut pas se borner à une stérile contemplation ; on aurait perdu le droit de se retrancher ensuite derrière une résignation, sorte de fatalisme, qui ne peut être la religion des êtres moraux et intelligents.

L'initiative que nous conseillons appartient à

Louis-Philippe, comme Bourbon et comme roi des Français. Puisque la voie des armes est interdite, qui pourrait lui contester le droit d'exercer un arbitrage de famille généreux, humain, pur de toute ambition?

Se laisserait-il étourdir par les clameurs d'une presse passionnée? Mais cette presse s'est décréditée en réclamant l'intervention armée en faveur de Christine; intervention reconnue impossible, parce qu'elle ne pouvait être, pour la France, qu'une source de périls et de ruine. Elle resterait sans écho si elle contestait aujourd'hui l'opportunité d'une mesure toute pacifique, la seule juste, la seule praticable, qui ne coûterait rien au pays ni en hommes, ni en argent.

Redouterait-il le mécontentement des puissances du Nord? ce qu'elles ont fait jusqu'à présent est une garantie de leur approbation. — De l'Angleterre? elle révélerait alors elle-même le mystère que cache le traité de la quadruple alliance; son opposition arriverait d'ailleurs trop tard, et tomberait sur *un fait accompli.*

Eh quoi! le roi occupe la première loge de ce cirque sanglant; il peut compter les victimes que chaque jour entasse les unes sur les autres; apercevoir ces familles entières jetées nues sur la voie publique, parce que leurs enfants ou leurs parents combattent dans un autre camp; ces prisonniers blessés que, par un raffinement de cannibales, on guérit dans les hôpitaux pour prolonger leur agonie, et afin qu'ils sentent mieux les atteintes du supplice qui leur est réservé; à ses pieds coule la lave de ce volcan en furie qui peut embraser son propre royaume; et on lui interdirait toute pitié! et il lui serait défendu de conjurer le péril qui le menace!

Comme ces Grecs du Bas-Empire qui disputaient sur le *pain azime* et sur le choix du chant grec ou latin, pendant que Mahomet II sapait les murs de Constantinople, il s'arrêterait à la voix *intéressée* de quelques sophistes! ou bien il se croirait asservi à une politique dilatoire et cruelle, qui souffre tout pour ne rien oser ou pour laisser tout se détruire! Quelle est donc la main assez téméraire pour avoir eu l'audace de tracer sur la terre d'Espagne cette fière devise que les rois lombards avaient gravée sur leur couronne: GUAI A CHI LA TOCCA!

Que le Roi ne se laisse point aller à d'aussi mesquines préoccupations. Les journées de juillet sont loin, et il lui est loisible enfin de faire acte de volonté et de puissance. Par sa sagesse, sa fermeté, et aussi par son courage, il est parvenu à modérer et à diriger une révolution qui menaçait de rouvrir le temple de Janus contre l'Europe. Une autre gloire lui est réservée, qui sera le digne complément de la première: c'est de pacifier l'Espagne.

L'humanité, à genoux, l'implore; l'intérêt de

la France l'exige , une saine politique le lui commande; le soin même de sa renommée le lui conseille, car la postérité ne sanctionne pas toujours l'admiration que les conquérants ont pu exciter de leur vivant. L'histoire, d'accord avec la reconnaissance des peuples, la réserve pour les rois qui ont fait jouir le monde des bienfaits de l'ordre , des arts et de la paix.

Paris, le 1er février 1839.

APPENDICE.

§ 1. SUR LES ÉVÉNEMENTS ARRIVÉS AU QUARTIER GÉNÉRAL DE DON CARLOS, DU 17 AU 28 FÉVRIER DERNIER.

Dans l'examen des causes qui avaient mis don Carlos à la discrétion d'un petit nombre d'ignorants et de fanatiques, dont les intrigues se couvraient du voile d'un dévouement exalté, nous faisions entrevoir quelles espérances étaient les nôtres, en mettant en regard les portraits de quelques personnages éminents, qui ne pouvaient manquer de s'entendre pour rompre ce charme malfaisant. Le drame sanglant dont Estella a été le théâtre, le 18 du mois dernier, nous a profondément affligé, mais ne nous a nullement surpris. Quelques journaux ont rendu un compte plus ou moins exact des principaux faits ; notre tâche est de développer ce que nous n'avions fait qu'indiquer fugitivement, ce qui était en quelque sorte une prévision de l'événement, afin que le public puisse apprécier la part de responsabilité qui revient à chacun des acteurs.

Dans le courant de l'année 1836, un Galicien,

Arias Teijeiro, vint offrir ses services à don Carlos, et, secondé par son cousin, don José de Teijeiro, valet de chambre du prince, il parvint si rapidement à capter sa bienveillance qu'en moins d'un an il devint ministre d'état, et réunit dans ses mains les portefeuilles de la guerre, des affaires étrangères et de la justice. A peu près ministre universel, et enivré de tant de faveurs, il conçut la pensée d'établir les fondements de son ambition sur une base plus solide que celle de la confiance de son maître. Homme médiocre, il ne pouvait s'appuyer que sur des hommes plus médiocres que lui. Tous ceux qui avaient quelque valeur politique, quelques talents militaires, quelques sentiments généreux, tombèrent en disgrâce, furent privés de leurs emplois; et, pour leur enlever tout espoir de retour, il entoura don Carlos de la triple enceinte d'une camarilla composée de ses intimes. En voici la formation (1) :

Camarilla militaire.

Uranga, général, aide-de-camp de Charles V.
Vibanco, général.

(1) A la suite de l'exécution faite à Estella, tous les autres membres de cette camarilla ont été exilés en France. C'est avec une profonde douleur que nous y voyons figurer l'évêque de Léon. Ce fut, dès le premier moment, le seul prélat et le seul conseiller d'état qui vint rejoindre Charles V, en Portugal. Nous fumes témoin de la brillante ré-

Garcia, général.
Balmaseda, général.
Serradilla, secrétaire de la junte des généraux.
Ocha, colonel, capitaine de la garde d'infanterie du roi.
Aguirré, colonel, commandant des gardes du corps du roi.
Calis, assesseur de la junte des généraux.
Péréda, auditeur de guerre.
Lassuaïn et Sanz, commissaires des guerres, chefs au bureau du ministère de la guerre.

Fusillés à Estella le 18 *février.*

Garcia, général.
Guergué, général.
Carmona, brigadier.
Uriz, intendant-général.
Sanz, général.

CAMARILLA CIVILE.

Teijeiro, ministre d'état.
Labandero, ministre des finances.
José Teijeiro.
Velasco, gentilhomme du roi.
Tadéo Jélos, chirurgien du roi.
Nicanor Labandero, fils du ministre.
Lamas y Pardo, ancien protecteur et conseiller intime du ministre Teijeiro.

ception qui lui fut faite à Villaréal, le 11 décembre 1833, et nous ne pouvons attribuer la cause de sa disgrâce qu'à la faiblesse de son caractère, malheureusement trop connue.

Miguel Garcia, chef de la police.
Orellana, chef du bureau des affaires étrangères.
Inarez, chef de division à la justice.
Cadénas, huissier aux affaires étrangères.
Roque Hernandez, courrier du cabinet.
Antonio Neira.
Ignacio Herrera.
Raimond Allo.

Camarilla ecclésiastique.

L'évêque de Léon, ministre de la justice.
Ramon Pécondon, secrétaire de l'évêque.
Echevarria, curé.
Larraga, capucin confesseur.
Domingo, prédicateur du roi.
Aguille, secrétaire d'Echevarria.
Allégui, curé.

L'incapacité est dans chacun des membres des trois sections de ce conseil d'état au petit pied; mais la troisième, à l'exception de l'évêque de Léon, se distingue par la crasse ignorance et le fanatisme abrutissant. Nous allons les voir à l'œuvre.

Au retour de l'expédition de Madrid, le général Casa-Eguia est expulsé de l'armée et envoyé à *San Gregorio*, pour l'unique motif qu'il avait blâmé l'expédition et présagé son insuccès. L'infant don Sébastien est disgracié, le commandement de l'armée retiré à Moreno, la mise en jugement des généraux Elio et Zariatégui arrêtée. Pour rendre leur perte inévitable, Garcia et Sanz provoquent un soulèvement dans la Navarre, qu'ils leur attribuent. Le conseil de guerre appelé à les juger, malgré la violence qu'on exerce sur lui, refuse de les condamner, mais on les retient prisonniers. C'est sur leur proposition que Guergué est nommé maréchal de camp, et qu'il obtient plus tard le commandement de l'armée.

Une fois les hommes capables écartés et le terrain déblayé de tous les obstacles, ils ne négligent rien pour s'assurer le fruit de leur usurpation. Ce n'est pas assez que don Carlos soit inscrit dans le triangle qu'ils ont tracé autour de lui; leur instinct leur dit que leur puissance s'écroulera le jour où le prince se produira sur un plus grand théâtre. Ils imaginent le système défensif, repoussent tous les projets d'expédition excentrique ; excitent les juntes à refuser les moyens nécessaires pour les entreprendre; excitent l'esprit de localité contre l'esprit national, et, pour se maintenir, ils limitent le royaume au périmètre des provinces basques.

Cependant de nombreuses défaites, deux expéditions ruinées faute de secours, ont mis en évidence l'incapacité de Guergué. Don Carlos s'alarme, appelle Maroto à l'insu de ses ministres, lui offre de prendre le commandement de l'armée; mais ce ne fut que deux mois plus tard, après le désastre de Penacerrada, que sa nomination fut avouée.

Le choix d'un homme de ce caractère était un échec pour la camarilla; mais elle commença à faire jouer contre lui les ressorts secrets au moyen desquels elle avait brisé tous ceux qui auraient rougi d'être ses instruments.

Maroto, à qui le mystère même dont avait été entourée sa nomination, révélait les difficultés qu'il aurait à vaincre, se promit bien de tenir l'œil ouvert sur les manœuvres de la camarilla, et s'occupa, avec un soin infatigable, de reconstituer l'armée qu'on lui avait remise dans un état complet de désorganisation.

Le premier acte patent de ce mauvais vouloir fut la conduite des brigadiers Carmona et Balmaceda, à l'affaire de Sesma, le 3 décembre 1838. Malgré les ordres précis qu'ils avaient reçus, leur absence et leur inaction dans le moment décisif allaient changer en défaite une victoire certaine. Quelques bataillons étaient en fuite, d'autres commençaient à plier; mais, par un effort vigoureux, Maroto parvient à ramener les fuyards au combat, rétablit l'ordre de bataille, charge avec impétuosité et force à la retraite une armée quatre fois plus nombreuse que la sienne. On a dit que Maroto n'avait voulu voir dans la conduite de Balmaceda *qu'un moment de faiblesse, et qu'une négligence impardonnable* dans celle de Carmona; mais cette supposition est inadmissible, car depuis long-temps les deux généraux avaient fait leurs preuves. Il pouvait y voir une trahison; c'était le cri des soldats, et si, dans le moment de l'indignation qu'ils avaient excitée, il eût livré Balmaceda et Carmona à un conseil de guerre, ils auraient été condamnés.

Bientôt il eut à réprimer un mouvement militaire à Estella, dont il avait été informé, et il sut que le bruit en avait couru au quartier général de don Carlos, distant de plus de vingt lieues, plusieurs jours avant qu'il n'éclatât. Cette sédition apaisée, il apprend qu'on en fomente une autre au sein des bataillons navarrais. Les avis se succèdent, et il saisit une correspondance où les plans médités contre lui sont clairement expliqués. Il découvre un complot formé pour faire avorter ses entreprises, pour pousser l'armée à la révolte contre lui, pour l'accuser d'intelligence avec l'ennemi ; enfin, qu'on lui destine le sort qu'on n'a pas renoncé à faire subir à Gomez, à Zariategui, à Simon Latorre, à Villaréal. Il voit que la ruine de la cause qu'il sert doit être le résultat infaillible de ces criminelles machinations. Sa résolution est prise : il faut couper la tête de cette hydre multiforme ; mais il ne veut pas se faire justice lui-même, quoiqu'on s'attaque à son honneur et à sa vie. Il mesure, d'un coup d'œil, tous les rayons du cercle dans lequel il va se mouvoir. D'abord, il a une entrevue, le 13 février, avec don Carlos ; il l'instruit de l'esprit séditieux qui fermente dans l'armée, il lui demande et il obtient des pouvoirs généraux pour le réprimer. Le soir du même jour il arrive à Tolosa, d'où, à la tête de sept bataillons, dont cinq navarrais, il se dirige sur Estella.

A la nouvelle de son approche, les conspirateurs les plus compromis prennent l'alarme et essayent de fuir ; mais les principaux sont arrêtés. Arrivé à Estella, Maroto réunit les pièces de la procédure, nomme un conseil de guerre qui s'assemble le 17, et, après huit heures de séance, les généraux Guergué, Garcia, Sanz, le brigadier Carmona et l'intendant Uriz sont condamnés à mort, et fusillés le 18.

Le frère du général Sanz, qui avait été également condamné à mort, parvient à s'échapper d'Estella, et apporte au quartier général de don Carlos la nouvelle de l'exécution. Le conseil des ministres s'assemble le 20 au soir. Le conseiller Marco del Ponte y est appelé ; il se réunit au ministre de la guerre pour demander qu'on ne prenne aucune mesure contre Maroto avant de l'avoir entendu. Mais les Teijeiro et leur ligue accusent formellement Maroto d'avoir commencé par l'assassinat des chefs navarrais l'exécution du dessein qu'il médite depuis long-temps de livrer l'armée, les provinces et don Carlos à Espartero. Le ministre de la guerre, qui connaissait tous les fils de la trame ourdie contre Maroto, est destitué pour avoir pris sa défense. Le 21, on publie le décret qui met Maroto hors la loi. Au risque de compromettre le pays, on rappelle les bataillons préposés à la garde de la frontière. On en forme deux corps ; le commandement de l'un est donné à Villaréal, qui reçoit l'ordre de marcher contre Maroto. Le commandement de l'autre est confié à l'infant don Sébastien, qui est chargé d'aller occuper la ligne de Guipuzcoa, afin de s'opposer à la manifestation des vœux de la population en faveur de Maroto. Ce fut le dernier acte de la puissance de la camarilla.

Maroto avait quitté Estella le 22 février, et s'était remis en marche pour rejoindre le quartier général de don Carlos. Le 23, il rencontre un garde-du-corps porteur du décret qui le mettait hors la loi. Maroto en donna immédiatement lecture à ses troupes, en leur déclarant qu'il les laissait libres de le quitter ou de le suivre. Des cris de *Vive le roi! vive notre général!* furent leur réponse, et on se remit en marche sur Tolosa.

Malgré la proclamation qui mettait Maroto hors la loi, les populations et la masse des officiers et des soldats ne purent croire qu'il fût un traître, et rien ne put contenir la manifestation de leurs sentiments pour lui. C'est ce qui décida les ministres à conseiller au roi d'aller avec toute sa famille au devant de Maroto. Il prit ce parti, et, parvenu à Villafranca, on lui présenta son aide-de-camp, le comte de Négri, second chef d'état-major de Maroto, porteur d'un mémoire justificatif que son général l'avait chargé de remettre au roi. En même temps, on apprit que Maroto venait d'entrer à Tolosa. Le roi, satisfait des explications qu'il avait reçues, ordonna au comte de Négri de retourner vers son général pour lui annoncer le renvoi des hommes qui avaient surpris sa religion, pour lui dire qu'il lui rendait sa confiance, et il le fit accompagner par le baron de los Valles, un de ses aides-de-camp, et par Arrizaga, juge de l'armée. Le même jour 24, parurent le manifeste et le décret qui rapportaient celui du 21, et prononçaient le bannissement des membres de la camarilla. Mais la plupart s'étaient fait d'avance justice à eux-mêmes et avaient pris la fuite.

Le 26, Maroto présente ses hommages au roi, qui, accompagné de sa famille et de sa suite, vint passer le lendemain, à Tolosa, la revue de l'armée. Les acclamations des troupes et de la population sanctionnèrent cette réconciliation.

Si maintenant on interroge les faits que nous venons de retracer avec le plus de concision possible, et que nous avons pris le soin de comparer avec les détails fournis par les correspondances publiques et nos lettres particulières, il ne sera pas difficile d'en faire ressortir la justification de la conduite de Maroto et de don Carlos.

Les machinations, à l'aide desquelles on voulait perdre Maroto, avaient commencé le jour même de sa nomination au commandement en chef de l'armée, et l'avaient poursuivi sans interruption. Ce n'était qu'un des épisodes de cette conjuration permanente, dans laquelle la camarilla avait successivement enveloppé l'infant don

Sébastien, Villaréal, Elio, Simon la Torre, Zariátégui, Gomez, et qui aurait atteint le noble comte de Villemur lui-même, si la mort n'eût prématurément désarmé le bras qu'il avait levé avec un si vif enthousiasme pour la défense de cette cause.

Si l'on suppose que Maroto connaissait le nom des chefs ou des complices, lorsqu'il demanda des pleins pouvoirs à don Carlos, on ne contestera pas qu'il n'eût commis une imprudence en les désignant, parce que leurs confidents, au quartier général, auraient eu le temps de prendre leurs mesures.

C'est sans aucun doute à Tolosa que lui furent faites les plus importantes révélations, car c'est de Tolosa que partirent les premiers ordres d'arrestation (1).

(1) Dans une des relations qui ont paru, on dit qu'à l'arrivée de Maroto à Tolosa, *le capitaine général Moreno se présenta chez lui; qu'ils eurent une longue conférence ensemble, et qu'elle fut féconde en résultats; que tous les fils de la conspiration lui apparurent, et que les mesures à prendre furent concertées; qu'en quittant Moreno, Maroto lui aurait dit : « Général, je ne vous rendrai votre visite qu'à mon retour d'Estella. » A quoi Moreno aurait répondu, dans un sentiment de triste prévision : « Je désire que vous en reveniez sain et sauf pour me la rendre. »*

Ainsi, quoique dans un but moins perfide, cette entrevue aurait été la réminiscence et l'application de la leçon muette que *Tarquin le Superbe* faisait parvenir à son fils *Sextus*, par le confident que le dernier lui avait envoyé de Gabies. Les termes peu bienveillants dont Maroto s'est servi envers

Maroto venait de passer le Rubicon, mais la loyauté préside à tous ses actes, et il les entoure de toutes les formes légales que comporte la situation. Le conseil de guerre n'est point une commission de séides. Il se compose de Royo, ancien capitaine général de la Catalogne, ami et compagnon d'armes de Guergué, du comte de Négri, du général Sylvestre; d'Arrizaga, auditeur de guerre, tous hommes honorables et d'un caractère indépendant. Maroto ne cherche point à influencer le conseil de guerre par sa présence: il s'abstient d'y paraître, et se borne à transmettre les pièces de conviction. Les condamnés sont tous Navarrais, et ce sont les bataillons navarrais, ceux-là mêmes dont l'esprit a été travaillé contre lui, qu'il a emmenés de préférence, et qui exécutent la sentence. Au seul bruit de son arrivée, les conspirateurs prennent la fuite; et lui, après qu'un garde du corps lui a notifié le décret qui le met hors la loi, reste calme, parce que sa conscience ne lui reproche rien; il le communique à ses troupes, et continue paisiblement sa marche vers le quartier royal (1).

Moreno dans la proclamation qu'il vient de publier, nous rendent suspects les détails qu'on donne sur l'entrevue de Tolosa, et nous ne croyons pas que le motif qui l'aurait provoquée eût été de nature à rapprocher deux hommes séparés par une haine aussi profonde qu'invétérée.

(1) On reprochera à Maroto de ne pas s'être borné à faire arrêter les conspirateurs, sauf à prendre ensuite les

Quant à don Carlos, on a fait ressortir comme la preuve d'un caractère versatile et peu digne d'un prince, la précipitation avec laquelle il avait signé et révoqué le décret de mise hors la loi. Mais le premier acte avait été fait sous l'empire d'une première impression et d'une accusation soutenue par le plus grand nombre de ceux qui l'entouraient, et qui étaient en possession de sa confiance. Le second acte est émané de son libre arbitre, et après la connaissance acquise des faits.

Admettons, pour un moment, que Maroto n'eût été qu'un assassin audacieux; que, pour assouvir sa vengeance, il se fût baigné dans le sang des serviteurs les plus braves et les plus dévoués au roi; qu'il eût pris assez d'empire sur l'esprit de ses soldats pour les rendre les instruments de sa férocité ; que le *bill d'indemnité*, délivré le 24 février, eût été arraché à la crainte: la journée du 28 aurait fait justice de cet attentat. En effet, chez les Espagnols, et surtout chez

ordres du roi pour les mettre en jugement. Ceci nous rappelle une anecdote de notre propre histoire.

On assure qu'un personnage, qui aujourd'hui occupe une des plus hautes fonctions publiques, avait été proposé à l'empereur pour un emploi où il fallait autant de finesse que de résolution. L'empereur voulant s'assurer de sa capacité, lui adressa cette question : « Que feriez-vous, monsieur, si « un Bourbon s'introduisait en France ? — Sire, je le ferais « arrêter, fusiller, et puis j'en rendrais compte à votre « Majesté. — Bravo, monsieur ! vous êtes plus fort qu'on « ne me l'avait dit. »

les Navarrais, tout sentiment s'efface devant la volonté du roi. Or, l'infant don Sébastien et Villaréal étaient à leur poste, et, une fois don Carlos placé en face de l'armée de Maroto, il lui eût suffi d'un mot, d'un signe, pour anéantir le félon.

Au lieu de cela, la revue du 28 est un jour de fête. Les cris de *vive le roi!* se mêlent aux cris de *vive Maroto!* le son des cloches, les illuminations, les feux de joie sont des signes non équivoques de l'assentiment public. L'armée et la population ont compris que le coup qui vient d'être frappé a vengé la patrie, en la délivrant du joug honteux qui enchaînait sa destinée.

Maroto a eu le courage de briser d'un coup de foudre le bandeau qui couvrait les yeux de don Carlos. S'il est à toute la hauteur de la position qu'il a prise, si, de son côté, Espartero a l'intelligence de la sienne, et son immobilité pendant les événements pourrait le faire espérer; si tous les deux sont moins animés par l'ambition que par l'amour de la patrie, leurs étendards doivent rallier les hommes généreux de tous les partis. En se concertant, il leur est désormais facile de trouver un moyen plus direct et plus prompt que tous ceux que nous avons proposés. En fermant l'abîme qui sépare leurs camps, le sang versé à Estella serait fécondé, et ils acquerraient une gloire plus pure et plus profitable au pays que celle obtenue sur les champs de bataille de la guerre civile.

§. 2. DU PROJET DE MARIAGE DE L'INFANT DON FRANCISCO AVEC ISABELLE II.

Nous ne possédons pas la brochure que vient de publier M. Campuzano; mais elle a été annoncée dans un journal. Parmi les quelques lignes consacrées à son analyse, nous remarquons la proposition de marier le fils de l'infant don Francisco avec la fille aînée de Ferdinand. De la part d'un Espagnol que nous devions supposer bien instruit des affaires de son pays, puisqu'il y a pris part, cela nous paraît au moins étrange. Nous ne voulons point contester la bonne foi de M. Campuzano; mais bien certainement il faut qu'il ait abdiqué toutes ses convictions, que sa mémoire soit infidèle à ses souvenirs, ou qu'il se soit fait le complaisant écho de quelques ambitions subalternes.

S'il s'agissait tout simplement de marier le fils de l'infant don Francisco avec la fille d'un de ses frères, nous n'aurions rien à objecter : les alliances de cette nature ont été fréquentes dans la famille d'Espagne. C'est ainsi que, de nos jours, nous avons vu Ferdinand VII, devenu veuf, épouser, ainsi que son frère don Carlos, les deux filles du roi de Portugal, leurs propres nièces; puis, le même Ferdinand épouser en quatrième noce une fille du roi de Naples, aujourd'hui régente d'Espagne; enfin, don Francisco épouser la fille de sa sœur, la reine de Naples.

Mais, dans le mariage que propose M. Campuzano, ce n'est pas simplement la fille de Ferdinand qu'il a en vue, c'est la future reine d'Espagne. Nous ne pouvons nous empêcher de combattre un semblable projet, parce que nous sommes convaincu que sa réalisation ferait éclore des germes de division dans la famille et de perturbation dans l'État. Pour expliquer notre pensée, nous sommes contraint de rappeler des faits dont le souvenir nous est pénible, et nous avons une répugnance extrême à traiter les sujets qui touchent aux personnes. Mais ce que nous allons dire est déjà de l'histoire, et la responsabilité du tort que d'autres en peuvent éprouver doit retomber sur celui qui a eu l'imprudence de soulever cette question.

Parmi les nombreux motifs qui doivent faire repousser jusqu'à l'idée d'une pareille combinaison, le plus saillant ressort du caractère, malheureusement trop connu, de dona Carlotta. L'influence qu'elle exerce sur son mari a placé plus d'une fois celui-ci dans des positions équivoques. La part qu'elle a prise en 1832 aux machinations de la Granja, sa conduite récente à Madrid, les cabales qu'elle menait contre sa propre sœur, l'ont contrainte à quitter l'Espagne. Tous ces torts sont assez graves pour nous dispenser d'entrer dans mille détails de la vie privée que, d'ailleurs, le sentiment des convenances nous interdirait dans tous les cas.

Pour compenser ces inconvénients, il faudrait du moins justifier l'alliance qu'on propose, en montrant quels gages elle pourrait offrir à la réconciliation des partis et au rétablissement de la paix. Malheureusement elle n'y apporterait que de nouveaux obstacles.

A tort ou à raison, la branche de don Francisco est antipathique aux Espagnols, et il suffit, pour le démontrer, de rappeler qu'elle fut exclue de ses droits éventuels à la couronne, par la constitution de 1812. Ce sentiment de répulsion ne s'est point affaibli depuis cette époque. La conduite politique et privée de dona Carlotta, les projets extravagants auxquels don Francisco eut la faiblesse de permettre que son nom fût associé par des intrigants ou des aventuriers étrangers, qui le compromirent auprès de Ferdinand ; tout cela n'a pas servi à replacer don Francisco dans les sympathies de la nation.

Nous n'ignorons pas que quelques révolutionnaires, un petit nombre de grands d'Espagne incorrigibles, voudraient, en désespoir de cause, présenter le fils de don Francisco comme un drapeau. Ils ne parviendraient à rallier que des gens qui n'ont jamais eu d'importance, ou qui ont perdu toute considération. Nous regrettons pour M. Campuzano qu'il n'ait pas mieux réfléchi avant de mettre au jour de semblables chimères.

BIBLIOTHEQUE NATIONALE DE FRANCE
3 7531 01242434 8

www.ingramcontent.com/pod-product-compliance
Lightning Source LLC
LaVergne TN
LVHW020345230826
846091LV00003B/994

* 9 7 8 2 0 1 2 4 7 0 9 0 3 *